润泽教育之心

小学语文教学中的温情与智慧

周进红◎主编

北京时代华文书局

图书在版编目（CIP）数据

润泽教育之心 ： 小学语文教学中的温情与智慧 / 周进红主编. --北京：北京时代华文书局，2025.8. --ISBN 978-7-5699-6225-3

Ⅰ. G623.202

中国国家版本馆CIP数据核字第20251LS189号

RUNZE JIAOYU ZHI XIN：XIAOXUE YUWEN JIAOXUE ZHONG DE WENQING YU ZHIHUI

出 版 人：陈　涛
策划编辑：张正萌　李佳黎
责任编辑：张正萌
责任校对：薛　治
装帧设计：刘　伟
责任印制：刘　银

出版发行：北京时代华文书局 http://www.bjsdsj.com.cn
　　　　　北京市东城区安定门外大街 138 号皇城国际大厦 A 座 8 层
　　　　　邮编：100011　电话：010-64263661　64261528

印　　刷：廊坊市印艺阁数字科技有限公司
开　　本：710 mm×1000 mm 1/16　　成品尺寸：170 mm×240 mm
印　　张：11.25　　字　　数：177 千字
版　　次：2025 年 8 月第 1 版　　印　　次：2025 年 8 月第 1 次印刷
定　　价：48.00 元

编委会名单

推荐序

“运河计划”领军人才周进红工作室的成果集鲜活出炉，我很荣幸得以较早拜读全稿，内容涉及小学语文教育必须应对也正在面对的诸多主题，林林总总，很专业，有品质，接地气。这是周进红老师作为工作室主持人的职责，也是工作室成员一年来的丰硕成果之一。

作为语文教师，我深知，就教育教学认真做点儿研究、探索并“鼓捣”一篇还算可以的短文已实属不易，而将这么多人、这么多单篇集合起来，其价值和意义更会发生质的变化。这不是一个量的简单组合，而是在基层奋战的教师对小学语文教育的思考、研究和探索的经验与成果的优化和整合。语言即世界，文字永流传。我们把教育、教学、教研和实践中的突破、体验、总结、觉察、感悟和升华以书籍的形态固化下来，虽说其中有些还可以深读与打磨，但确实是有标本价值和传播意义的。因此，我觉得沉甸甸的不仅是书籍本身，还有教师的思想、实践、生命的付出和智慧的结晶——这更是一个区域教学团队的专业水准、生命状态和业绩创造的点滴折射。这是我心存尊重，也最为看重的。

周进红老师在小学语文领域已深耕三十年，至今未脱离教学一线，兢兢业业，孜孜矻矻，壮心不已，探索不止，成果不断。我曾细读过她的《点亮阅读之灯》等著述，对她曾经的研究、持续的聚焦和矢志的追求非常钦佩。在与她相识并共事之后，我自觉，其人格、志气与专业性对教师和小学部发展都有深层带动作用和深度影响。

以“工作室”形式赋能师资后进，助力教师专业成长和梯队发展，这是区域教育主管的惠民之举，是德政。作为工作室的主持人，全身心投入工作，全力以赴、不折不扣地完成使命，是责任亦是义务，也是一份情怀使然。但是，应该说，这其中也是有挑战的。“要成长为新的物种，就要经历所有你不会再扮演的角色。”（凯文·凯利）但我们的周老师是乐于用心、真诚用力的，也一定能够得到我们学校的天时、地利、人和等诸多优势和资源的支持。

看着教师的这些丰富鲜活的思想、探索、经验和成果，我很自然就联想到了自己当年在职业和专业方面攀爬时，也曾如此步履艰难却目光坚定——当然至今也还在执着于“上下求索”，于是我福至心灵地想到了被誉为“万世师表”的孔子，内心非常非常感慨。孔子走过的路，我们每一位为师者也都得一步步去走，至于能否走到孔子或者是超越孔子抵达的那个地方，一看个人修为，二看天命所归。还好，我们大家都正走在这条路上。但是，“我希望我的‘自我’永远滋滋作响，翻腾不休，就像火炭上的一滴糖。”（王小波《爱你就像爱生命》），并以此砥砺自我，更祝福并些微加持周进红老师和她的工作室成员等同人。

有感而发，可能会挂一漏万。

是为序。

薛志芳
中学语文特级教师，中小学正高级教师，
北京景山学校通州分校特聘科研副校长，
新阅读研究院副理事长

前　言

春风化雨集：润泽教育之心的真诚记录

——周进红语文工作室案例集序言

捧着这本凝结着多位语文教师心血的案例集，看着扉页及书中熟悉的名字，回想起一年前那个春寒料峭的3月15日，北京市通州区教委领导、北京景山学校通州分校、北京拔萃骏源学校、北京市通州区台湖学校、北京市通州区荣海小学领导及工作室成员齐聚北京景山学校通州分校，一起见证周进红语文工作室成立的情况，我的眼眶有些发热。

作为北京市通州区高层次人才发展支持计划的领军人才，那一天，我一直在思考：怎样才能不负领导的嘱托，让工作室真正成为教师成长的沃土。此刻翻开这本集子，我知道，我们交出了一份真诚的答卷。

一、深耕课堂的共研之旅

周进红语文工作室坚持每月搞一次教研活动，成员聚在一起听课、评课、交流想法。这些活动就像是大家一起精心打磨教学方法的实践场地。同时，工作室每个月还会收集成员写的教学案例和教育故事，这些内容记录了教师在实际课堂上的好做法。比如，杨光媚老师在教《文具的家》时，设计了一个“失物招领台”环节，很有创意；周洋老师在讲《古诗二首》时，用了“平仄手势舞”来帮学生感受古诗韵律，效果不错。这些案例都真实反映了课堂情况。

通过这一年来持续的共同研究和分享，那些原本分散在各自课堂上的教学经验和好点子，已经被整理、汇集起来，实实在在地推动了成员的专业能力提升。

二、探索教学创新的路径

《润泽教育之心》中真实的课堂案例，恰好揭示了教学创新的本质——不是盲目追求花哨的形式，而是巧妙调和教育中的对立元素，让它们在课堂上达成动态平衡。

在《墨梅》课例研讨中，我与四（4）班学生通过“画诗眼、辨气节”活动，将“不要人夸好颜色”的文人风骨化作可触摸的教学现场。北京教育科学研究院基础教育教学研究中心小语室主任张立军“以诗解诗”的点评，让成员领悟到古诗教学不应止步于翻译，更要架设古今对话的桥梁。

孙婧瑄老师的“阅读伙伴计划”像一场精心策划的春日郊游：她允许学生自由组队、跨界选书，在“主题阅读月”中设置了清晰的目标框架。正如五年级学生在《狼王梦》阅读中爆发的争论：“紫岚对狼崽到底是爱还是控制？”教师没有直接给出答案，而是用“动物行为学”主题讲座来牵引思考。这种“自由探索+锚点引导”的模式，恰恰破解了“放养”与“填鸭”的二元对立。

毕昭老师执教《池上》时，做了个大胆尝试：先让孩子披着床单扮小娃偷莲，嬉笑着模拟“浮萍一道开”；紧接着抛出灵魂拷问——“偷莲算坏孩子吗？”课堂瞬间从童趣剧场切换到哲学现场。有学生坚持“未经允许就是偷”，也有孩子反驳“故事里白莲是野生的”——这种感性与理性的碰撞，像给古诗教学插上了双翼。它告诉我们：低年级课堂既要守护天真的想象，也要悄悄埋下逻辑的种子。

这些案例告诉我们一个简单的道理：真正有效的教学改进，并不是要完全抛弃传统教法，从头再来。它更像是在传统教学方式的不足之处，巧妙地融入新的想法和做法，让教育焕发新的生机和活力。

三、见证成长的破茧之光

作为“领军人才”，我最大的成就是见证着：

常帅老师从拘谨的教研新兵，成长为敢于质疑权威的思考者。2024年春天，常帅老师执教《小真的长头发》时，还在纠结“如何按教参要求讲透比喻句”。今年4月，她已能自信地推翻常规教案——当学生用毛线编织出“长头发变成彩虹桥”的想象图谱时，她果断删减了标准化习题，转而设计“绘本创编工作坊”。这种蜕变，源于她在工作室研讨中不断追问：“教学设计到底是为教参服务，还是为学生的创造力服务？”

杨光媚老师从埋头应试的“生字复读机”，转变为记录童心的观察者。曾经的她，把生字复习变成机械的“车轮战”。直到在工作室案例分享中，她听到学生抱怨“游戏里的生字像小怪兽，打完一关又来一关”。如今的《一年级生字复习策略》里，满是鲜活的教学札记：“小宇把‘春’字画成三朵花顶着太阳，原来孩子眼中的汉字是立体的。”这些文字，见证着教师从“知识搬运工”到“学习设计师”的转身。

张晨晖老师从关注教学技术的“课件达人”，蜕变为守护学生心灵的摆渡人。五年前，她执着于用炫目动画吸引学生注意；五年后，她在文章中写道：“当我停止用PPT轰炸患孤独症的孩子，转而每天蹲下来看他画星星时，教育才真正开始。”这份从“技术依赖”到“生命对话”的觉醒，让特殊生的作业纸从空白涂鸦变成“星空日记”，更让教师重新读懂教育的真谛——不是雕刻，而是唤醒。

感谢通州区教委给予的政策空间，感谢四所合作校领导创造的行动场域。这本案例集，是我们专业生命的真实记录，更是教育理想的共同见证。愿它像种子一样，在更多课堂里萌发新的可能；愿我们永远保持此刻的真诚与热忱，在教育的星河里，续写属于我们的教育篇章。

目　录

第一部分　教学叙事…………………………………… 001

四年级课外阅读引导策略探究

北京拔萃骏源学校　邢磊 …………………………………… 002

激发阅读兴趣，培养综合素养

北京拔萃骏源学校　孙婧瑄 ………………………………… 005

怎样培养语文阅读能力

北京拔萃骏源学校　刘京楠 ………………………………… 007

低学段“和大人一起读”栏目阅读教学策略分析

北京景山学校通州分校　杨荣欣 …………………………… 009

二年级语文古诗课堂教学策略

北京拔萃骏源学校　张紫薇 ………………………………… 012

提高学生在课堂中的表达质量

北京拔萃骏源学校　张怡 …………………………………… 015

小学全学科阅读素养培养探究

北京拔萃骏源学校　丁宇 …………………………………… 017

汉字的奇幻之旅

北京景山学校通州分校　李文鑫 …………………………… 021

借助文本发散学生思维

北京景山学校通州分校　洪莹 ……………………………… 023

观察与鼓励——语文写字教学的双重力量

北京景山学校通州分校　刘丽楠 …………………………… 025

在一年级语文中如何提高学生的书写能力
北京市通州区荣海小学　朱墨桐 …… 027
吟诗作画，以画讲诗——以《池上》为例，浅谈低年级古诗教学的多彩性
北京市通州区荣海小学　毕昭 …… 029
一年级下学期生字的学习与复习
北京市通州区荣海小学　杨光媚 …… 032
依托课后习题　奠定写话基础
北京市通州区台湖学校　刘金 …… 035
多元评价　巧批乐改
北京市通州区台湖学校　周洋 …… 038
探索提高学生语言表达能力的策略——以《蜘蛛开店》为例
北京景山学校通州分校　李厚壮 …… 043
让学生在想象中成长——古诗教学中的情境联系：以《静夜思》为例
北京市通州区台湖学校　周洋 …… 046
如何在一年级语文教学中提高学生的识字能力
北京市通州区荣海小学　朱墨桐 …… 048
浅谈深度学习视域下小学识字教学路径的优化——以一年级上册第五单元识字教学为例
北京市通州区荣海小学　毕昭 …… 051
小学一年级语文写字方面教学建议
北京市通州区荣海小学　杨光媚 …… 059
《田忌赛马》成语故事中的阅读探索
北京市通州区荣海小学　张梦瑶 …… 061
建构想象画面，培养想象能力——以阅读课《小真的长头发》为例
北京市通州区台湖学校　常帅 …… 064
落实新课标　上好语文课
北京市通州区台湖学校　刘金 …… 067
文言文教学方法——以《守株待兔》为例
北京拔萃骏源学校　王蕊 …… 069

小组合作为一年级语文阅读教学注入活力

北京景山学校通州分校 刘丽楠 …………………………………… 071

一年级古诗教学初探

北京景山学校通州分校 洪扬 ……………………………………… 073

逆袭的轨迹：语文的启迪与蜕变

北京景山学校通州分校 李文鑫 …………………………………… 075

拓展与创编，体会想象之妙——以《夜宿山寺》为例谈感悟诗人的想象魅力

北京市通州区荣海小学 毕昭 ……………………………………… 077

“诗”情画意的中国美——小学古诗教学中的美育

北京市通州区台湖学校 常帅 ……………………………………… 081

小学语文读写结合的教学策略探究——以《富饶的西沙群岛》为例

北京景山学校通州分校 李厚壮 …………………………………… 084

拼音教学：多形式以声促学的探索与实践

北京景山学校通州分校 李文鑫 …………………………………… 087

如何在语文教学中提高学生的朗读能力——以二年级《田家四季歌》为例

北京市通州区荣海小学 朱墨桐 …………………………………… 089

浅谈二年级语文《场景歌》的教学设计

北京市通州区荣海小学 杨光媚 …………………………………… 091

《暮江吟》教学反思

北京拔萃骏源学校 张怡 …………………………………………… 093

于细微处见神韵——小学作文细节描写指导策略

北京市通州区台湖学校 周洋 ……………………………………… 095

二年级语文看图写话的实施案例与策略

北京市通州区荣海小学 杨光媚 …………………………………… 099

第二部分　教育故事…… 101

静待彼岸　陌上花开
北京拔萃骏源学校　龚玉玲 …… 102

班级管理之课间安全教育
北京拔萃骏源学校　王蕊 …… 105

萤火微光，愿为其芒
北京拔萃骏源学校　张晨晖 …… 106

《三字经》趣谈
北京景山学校通州分校　洪扬 …… 108

静待花开，以爱润心
北京景山学校通州分校　李厚壮 …… 109

在语文教学中如何改变学生的习惯
北京景山学校通州分校　丁旭 …… 111

抓住孩子进步的瞬间
北京市通州区荣海小学　张梦瑶 …… 113

领略意境之美
北京市通州区台湖学校　常帅 …… 115

一次“赊账”带来的精彩
北京市通州区台湖学校　高小莉 …… 117

花儿，你慢慢开
北京拔萃骏源学校　张晨晖 …… 118

班主任的尺度把握——学校规则与学生自由的和谐共舞
北京拔萃骏源学校　龚玉玲 …… 121

爱，有时需要“示弱”
北京景山学校通州分校　魏笑天 …… 123

潜心育人，静待花开
北京景山学校通州分校　洪莹 …… 124

小芽苗　大学问——创新奖励带来的多重收获

北京景山学校通州分校　刘丽楠 …………………………… 126

用爱静待花开

北京景山学校通州分校　丁旭 …………………………… 127

你笑起来真好看——小欢成长记

北京景山学校通州分校　洪扬 …………………………… 129

“小话痨”　大可靠

北京景山学校通州分校　李文鑫 …………………………… 131

课堂的主角：以学生为主体的教学探索

北京景山学校通州分校　任群 …………………………… 132

让生命因遇见而精彩

北京拔萃骏源学校　张晨晖 …………………………… 134

家校携手，共助学生进步

北京景山学校通州分校　魏笑天 …………………………… 136

教育是爱的坚持

北京景山学校通州分校　洪莹 …………………………… 137

赏识在教育中的力量

北京景山学校通州分校　李厚壮 …………………………… 138

在融合、创新中提升学生发展——以《肥皂泡》为例

北京景山学校通州分校　丁旭 …………………………… 139

关注学生：给每朵花绽放的时间

北京景山学校通州分校　任群 …………………………… 141

润物细无声的课堂

北京市通州区台湖学校　高小莉 …………………………… 142

因为有爱　所以灿烂

北京市通州区台湖学校　刘金 …………………………… 144

家校协奏　和谐成长

北京市通州区台湖学校　周洋 …………………………… 146

如何跟四年级的学生相处
北京拔萃骏源学校　王蕊 …… 148
从心出发，塑造未来之花
北京拔萃骏源学校　张晨晖 …… 150
乐乐的成长之旅
北京市通州区荣海小学　张梦瑶 …… 151
带着自信上路
北京景山学校通州分校　王岩 …… 155
用爱与责任书写成长
北京景山学校通州分校　郭铁花 …… 157
特别的爱给特别的你
北京景山学校通州分校　王超 …… 160

第一部分　教学叙事

四年级课外阅读引导策略探究

北京拔萃骏源学校　邢磊

一、引言

四年级是小学阶段语文学习的关键时期，课外阅读对于丰富学生知识储备、提高语言表达能力、培养思维和品质等方面具有重要意义。然而，如何有效引导四年级学生进行课外阅读，是一名语文教师面临的重要课题。

二、四年级学生阅读特点

四年级学生在认知能力上有了一定发展，开始对较为复杂的故事和知识产生兴趣，具备初步的自主阅读能力，但在阅读方法和阅读持久性上仍需引导。他们的注意力相对集中，能够理解一些具有一定深度的文本，但在阅读过程中可能会遇到生字词、概括文意、体会情感等困难。

三、引导策略

（一）激发阅读兴趣

1.故事导入

教师在课堂上讲述有趣的故事片段，如《鲁滨逊漂流记》中鲁滨逊荒岛求生的精彩情节，引发学生的好奇心和探索欲，然后引导学生去阅读原著，寻找故事的后续发展。

2.多媒体辅助

利用动画、视频等形式展示书的内容，如将动画片《西游记》片段播放给学生，让他们对名著中的人物和情节产生直观感受，从而激发他们阅读经典文学作品的兴趣。

（二）书籍选择指导

1.结合教材推荐

根据四年级语文教材中的单元主题和“快乐读书吧”推荐书目，如童话、神话、科普读物等，引导学生选择与之相关的课外书籍，进行拓展阅读，加深对教材知识的理解和运用。

2.考虑学生兴趣和水平

关注学生的兴趣爱好，对于喜欢动物的学生，推荐《狼王梦》《第七条猎狗》等动物小说；同时，根据学生的阅读能力，选择文字难度适中、篇幅合适的书籍，确保学生能够顺利阅读且有所收获。

（三）阅读方法指导

1.精读指导

教师选取经典段落，带领学生进行精读训练，教学生学会圈画生字词、标注好词好句、理解重点语句含义、概括段落大意等方法，如在阅读《颐和园》一文时，引导学生找出描写景物的好词好句，体会作者的写作手法。

2.泛读引导

鼓励学生在规定时间内快速浏览书籍，了解大致内容，培养学生提取关键信息的能力。如阅读科普读物时，让学生通过泛读获取主要科学知识和观点。

（四）阅读活动开展

1.班级读书角建设

建立班级读书角，定期更新书籍，鼓励学生自主管理和借阅，营造浓厚的阅读氛围，让学生随时都能接触到丰富的阅读资源。

2.阅读分享会

定期组织阅读分享会，让学生分享自己的阅读心得、最喜欢的情节和人物等，锻炼学生的口语表达能力和思维能力，同时激发其他学生的阅读兴趣，形成良好的阅读交流氛围。

（五）家校合作

1.家长阅读指导培训

通过家长会、家长学校等形式，向家长传授阅读指导方法，包括如何与孩子进行亲子阅读、如何引导孩子做读书笔记等，提高家长对课外阅读的重视程度和指导能力。

2.亲子阅读活动

倡导家长与孩子开展亲子阅读，共同制订阅读计划，每天安排固定的阅读时间，在增进亲子关系的同时，培养孩子的阅读习惯。家长可以在阅读后与孩子交流感受，加深孩子对阅读内容的理解。

四、结语

通过以上多种策略的综合运用，能够有效引导四年级学生进行课外阅读，激发学生的阅读兴趣，提高学生的阅读能力和素养，让课外阅读成为学生学习生活中的重要组成部分，为学生的未来发展奠定坚实的基础。在引导过程中，教师应持续关注学生的阅读情况，根据学生的个体差异和实际需求，不断调整和完善引导方法，确保课外阅读引导工作的科学性和有效性。

激发阅读兴趣，培养综合素养

北京拔萃骏源学校　孙婧瑄

在当今信息化的时代，课外阅读不仅是学生获取知识的重要途径，更是培养其阅读兴趣、提升综合素养的关键环节。以下是一个针对五年级学生的课外阅读案例分享，旨在通过多样化的活动和方法，有效激发学生的阅读兴趣，促进其全面发展。

一、案例背景

五年级的学生正处于从形象思维向抽象思维过渡的关键时期，他们对世界充满好奇，渴望通过阅读探索未知。然而，面对繁重的学业压力，部分学生可能对课外阅读缺乏兴趣和时间。因此，本案例设计了一系列旨在吸引学生兴趣、易于参与且富有成效的课外阅读活动。

二、案例实施

1.主题阅读月

活动设计：每月选定一个主题，如“探索宇宙奥秘”“奇妙的动物世界”“历史名人传记”等，围绕主题推荐相关书籍，并邀请相关领域的专家、教师开展线上或线下讲座，增加阅读的趣味性和深度。

成效：学生不仅阅读了相关书籍，还通过讲座拓宽了视野，激发了探索未知的热情。

2.阅读伙伴计划

活动设计：鼓励学生自由结对或由教师根据学生阅读兴趣分配阅读伙伴，共同选择书籍，定期分享阅读心得，互相激励，共同进步。

成效：通过同伴间的交流和合作，学生的阅读积极性显著提高，同时也学会了倾听和表达自己的观点。

3.创意书评大赛

活动设计：鼓励学生以多种形式（如文字、绘画、视频、PPT等）创作书评，由同学们评选出最具创意的书评、最感人的书评、最深刻的书评等奖项，并在学校展示优秀作品。

成效：这一活动极大地激发了学生的创造力和表达能力，许多学生开始尝试从不同角度解读书籍，深化了对文本的理解。

4.家庭阅读时光

活动设计：倡议家长与孩子共同设定每周的家庭阅读时间，选择适合全家阅读的书籍，进行亲子共读，撰写阅读日记。

成效：加强了家庭成员间的情感交流，营造了良好的家庭阅读氛围，同时也让家长参与到孩子的阅读成长中。

5.阅读挑战赛

活动设计：设定阅读目标，如一年内完成一定数量的书籍阅读，完成挑战的学生可获得奖励或证书。

成效：挑战赛的形式激发了学生的竞争意识和持久阅读的动力，不少学生超额完成了阅读任务。

三、案例反思

通过这一系列课外阅读活动的实施，五年级学生的阅读兴趣显著提升，阅读量和阅读质量均有大幅提高。更重要的是，学生在阅读中学会了思考、表达和创造，综合素养得到了全面提升。同时，家庭阅读时光的推广也促进了家校共育，增强了家庭教育的有效性。

未来，我们将继续探索更多创新的阅读推广方式，结合现代教育技术，如在线阅读平台、虚拟现实体验等，为学生提供更加丰富、多元的阅读体验，让阅读成为他们生活中不可或缺的一部分。

总之，课外阅读不仅是知识的积累，更是心灵的滋养。通过精心设计的活动，我们能够有效激发学生的阅读兴趣，为他们的终身学习奠定坚实的基础。

怎样培养语文阅读能力

北京拔萃骏源学校　刘京楠

语文素质是一个人成长进步、全面发展的基础。作为学习语文潜在而自觉的活动，阅读伴随学生的整个求学生涯，乃至一生。因此，阅读对提高学生的语文综合素质以及个人品德修养均有重要作用；同时，培养学生的阅读能力是语文教学的一项重要工作。

一、培养阅读兴趣

兴趣是最好的老师，对一件事情产生浓厚的兴趣，人们的聪明才智才会得到发挥。

孔子曰："知之者不如好之者，好之者不如乐之者。"在阅读中，兴趣是最好的引航者，以兴趣为中心拓展阅读辐射面，是一个很好的切入点。

但是，小学生的阅读兴趣多半受"近期效益"的支配：训练目标的达成、优秀成绩的获得、教师家长的赞许、同学的羡慕、竞赛或辩论获胜的喜悦，都会驱使学生兴致勃勃地去阅读。

在通常情况下让人感到枯燥的阅读，我们首先可以通过教师的言传身教把学生领进阅读的殿堂，通过一个富有情趣的店名、一处名胜的题诗、一次精彩的演讲、一句妙趣横生的广告语、一副绝妙的春联、一曲动听的歌曲，以及与同学们进行的阅读交流和阅读评价，使学生徜徉在精彩的语文世界里，随时随地感受阅读的美妙，领略语文的魅力，接受爱与美的沐浴；其次就是组织竞赛、辩论等活动，运用多种鼓励形式培养学生的成就意识，如恰如其分的赞扬、当众诵读等，使不同水平的学生都能获得理想的评价，都具有进步感与成就感。

在学习《语文》五年级上册第六单元《慈母情深》一课时，学生通过场景、细节感受到了母亲对作者的爱以及作者对母亲的心疼，进而了解了梁晓声这个人，加上教师对文本的解读使学生发现所学课文只是作者作品里面的节选内容，于是教师会鼓励学生课下阅读梁晓声的原作《母亲》，这样大大激发了学生的阅读兴趣。

二、教师在学生学习课文时传授恰当的方法

第1步，快速通读全文，整体认读。

第2步，对照相关阅读试题略读，抓每段首句、结论句或议论抒情句，注意关联词语等。

第3步，精读，逐个答题。

第4步，再回读，检查答案是否正确。

也可采用先看题目要求，再看文章，边看文章边做题的方式。有时，这样比先看文章、再看题目要求、最后做题的方法效率高。

用好课文：要提高学生的阅读水平，应该以课堂为主要阵地，将所选课本上的范文作为讲练与学思的依据。阅读教学的过程是一个导读的过程。

教师必须根据范文的思路来确定教学方式及迁移模式，学生必须对范文的结构能学以致用。

三、语文阅读教学的形式不可单一

语文阅读教学必须坚持以学生阅读、揣摩、感悟为主，教师分析、讲解为辅的原则，让学生成为阅读实践过程中的主体，坚决贯彻学生能做的事教师就一定要督促学生自己去做的指导思想。

“授人以鱼，不如授人以渔。”在语文阅读教学中，作为教师，我们的课内工作重点不应放在告诉学生这个题目的答案上，而是应该放在怎样让学生“活”起来、告诉学生如何去解读这个题目上。我们坚决反对教师唱主角，更不用说唱“独角戏”了。我们要让学生“动”起来，摒弃师生问答充斥课堂的教学行为。只有这样，才能提高学生的语文阅读能力，提升学生的语文素养。

低学段“和大人一起读”栏目阅读教学策略分析

北京景山学校通州分校　杨荣欣

“和大人一起读”是统编小学语文一年级教材中的特色栏目，包含儿歌、童谣、童话故事等，旨在激发孩子的阅读兴趣，构建从幼儿园到小学的过渡桥梁。该栏目符合《义务教育语文课程标准（2022年版）》的要求，强调大人（包括父母、教师、高年级同学等）角色的重要性。大人不仅是阅读活动的策划者与执行者，更是孩子的阅读伙伴与导师，帮助孩子跨越口头语言与书面语言的鸿沟，享受阅读乐趣。这一设定拓宽了共读范围，让更多成年人成为孩子阅读路上的引路人和伙伴。

一、巧设提问，创设“由读到说”的情境

《义务教育语文课程标准（2022年版）》为第一学段学生设定了阅读浅近的童话、寓言、故事的目标，旨在培养他们对美好情境的向往、对自然和生命的关心，并鼓励他们分享对人物和事件的感受与想法。大人与孩子共读时，通过对话和讨论，引导孩子表达理解与感受，这不仅能促进孩子对故事的理解，还能锻炼孩子的口语表达和逻辑思维。在共读过程中，大人可巧妙设问，引导孩子深入思考。如读《小熊住山洞》时，大人可问孩子为何小熊一家不砍树造房而住山洞，以此激发孩子对保护大自然的思考。而在读完《小松鼠找花生》时，大人可以启发孩子探索花生的生长地点，增长生活常识。在《狐狸和乌鸦》的故事中，大人还可引导孩子思考狐狸讨好乌鸦的动机，并设想自己作为乌鸦的应对策略，同时鼓励孩子对故事中的角色表达看法。这些互动不仅加深了孩子对故事内容的理解，帮助他们领悟故事寓意，还为他们提供了一个从阅读到表达的转化平台。孩子在分享见解时，不仅锻炼了口头表达能力，还增强了自信心和逻辑思维能力。大人通过精心创设“由读到说”的情境，鼓励孩子从阅读中汲取灵感，将个人感悟转化为口头表达，不仅丰

富了孩子的阅读体验，更为他们的未来发展奠定了坚实的基础。

二、融入音乐，营造“由读到唱”的氛围

本栏目精选孩子耳熟能详的儿歌与童谣，如《剪窗花》《谁会飞》《谁和谁好》《孙悟空打妖怪》及《春节童谣》等，这些作品旋律优美、文字流畅，蕴含深厚的文化内涵与情感价值，成为连接孩子与大人情感的桥梁。“由读到唱”将阅读与音乐结合，让孩子在音乐中感受阅读的魅力，激发阅读兴趣，培养音乐素养与节奏感，同时传承中华优秀传统文化，增进亲子关系。《剪窗花》是“和大人一起读”中的第一首儿歌，鉴于孩子阅读能力较弱，需要大人指导。大人可带读，帮助孩子读通读顺，再引入音乐共唱，并讲述窗花文化，动手剪窗花，增强互动体验。《谁会飞》《谁和谁好》等儿歌语言活泼，歌词中的问答设计增添了趣味性。大人与孩子共同参与问答游戏，加深理解，培养孩子的语言组织与表达能力，再通过节奏明快的歌唱进一步激发阅读兴趣，实现阅读与游戏的融合。《春节童谣》押韵明快，深受喜爱。该课可利用多媒体资源播放视频，让孩子直观感受童谣魅力，跟视频学唱，与大人合唱，甚至进行表演唱，展现童谣内容。多元化阅读方式体现了文化自信与语言运用，保护了孩子的好奇心与求知欲，让他们在阅读中健康成长。

三、细品插图，铺设“由读到讲”的路径

一年级孩子天生爱听故事，但表达能力有限，常感讲述困难。为此，在“和大人一起读”的情境中，大人可借助课文插图，引导孩子观察，并结合阅读内容，学会用插图辅助讲述故事，搭建从“阅读”到“讲述”的桥梁。这既满足孩子对故事的兴趣，又解决表达难题、加深理解、丰富语言积累、提升表达能力。栏目精选的《小白兔和小灰兔》《拔萝卜》等童话故事，情节有趣，想象力丰富，能让孩子保持阅读兴趣，激发积极性。共读时，可利用插图，先由大人讲述以吸引孩子，再鼓励其在阅读后尝试讲述。这有助于孩子理解故事，培养孩子的观察力和记忆力。儿歌《谁会飞》《孙悟空打妖怪》等，插图色彩鲜艳、形象生动，作为视觉辅助，适合引导孩子看图讲述。观

察插图能直观理解儿歌内容，激发孩子的想象力和创造力。当孩子尝试用自己的话讲述儿歌时，不仅是讲述，更是用自己的方式理解儿歌。这有助于培养他们的观察力、想象力和创造力，提升语言表达能力，使他们感受到阅读乐趣和成就感。

四、模拟场景，搭建“由读到演”的舞台

“由读到演”是一种将阅读与表演融合的阅读方式，通过角色扮演、情景再现等手段，让孩子深入体验故事角色和情感，提升理解力、表演能力和培养团队精神。在《小鸟念书》中，拼音与识字的结合为孩子开启了知识之旅。大人可选择轻松的背景音乐，营造愉悦氛围，鼓励孩子自由选择读书方式（如共读、轮流读、拍手读等），激发阅读兴趣，同时学习拼音识字。读后，大人与孩子共演，大人扮教师，孩子扮小鸟，通过角色扮演深化理解，感受共读乐趣，增强孩子的表达与自信。《胖乎乎的小手》贴近孩子的生活，易于理解。大人可引导孩子以“家庭情景剧”形式演绎，自编自演，深化理解，培养孩子的责任感和自理能力，感受亲情温暖和家庭幸福。散文《阳光》意境深远，表达阳光美好的主题。大人可与孩子配乐朗读，感受阳光的宝贵和大自然的魅力。然后再读金波的其他儿童诗，领略诗歌的韵律美和意境美，激发孩子对大自然和生活的热爱。还可以举办家庭诵诗会，评选“诵诗达人”，既锻炼了孩子的朗诵技巧和表达能力，还享受了成功喜悦。《妞妞赶牛》节奏明快，富有传统文化意味。大人引导孩子读出节奏和韵味，先欣赏小品、相声资料，感受绕口令的魅力，再补充其他绕口令练习，掌握技巧和规律。最后，孩子携带快板在长辈面前表演，收获自信和快乐。“由读到演”的阅读方式，能够让孩子在阅读中体验不同角色和情感，深化理解，提升表演能力和培养团队精神。大人通过精心挑选背景音乐、引导多样化阅读、组织表演活动等方式，与孩子共同创造温馨、有趣的阅读环境，激发孩子的阅读兴趣，培养他们多方面能力。在“和大人一起读”中，孩子可以通过说、唱、讲、演等多种方式，全面感受阅读的乐趣和魅力。多元的阅读方式不仅有助于孩子的全面发展，还能增进亲子之间的情感交流。

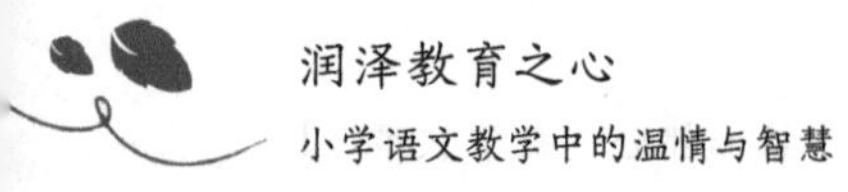

二年级语文古诗课堂教学策略

北京拔萃骏源学校　张紫薇

古诗作为中华优秀传统文化的重要载体之一，蕴含着中华文化的精髓，体现了国人的精神价值和追求。统编版语文教材与以往使用的语文教材相比，增加了古诗教学篇目，凸显了“传承文化”这一主题。语文教学要培养学生的核心素养，包括语言建构与运用、思维发展与提升、审美鉴赏与创造、文化传承与理解。由此可见，语文教学应该重视古诗学习，依托古诗教学实现“传承文化”这一目的。结合实际教学，我将从如何构建古诗教学浅谈自己的做法和收获。

低年级的学生年龄小，阅读量少，理解能力较弱，这一时期的儿童尽管也有抽象逻辑思维的萌芽，但仍然以形象思维为主，习惯以感性经验去判断和学习。因此，在教学中，教师要借助信息技术创设丰富多样的学习情境，采用轻松活泼的学习方式引导学生多读多背，激发学生阅读古诗的兴趣。

一、活动体验，激发兴趣

低年级学生初学古诗容易产生畏难心理。从这一学情出发，教师在学期初安排了“找春天”的任务，让学生走进公园和田野，去感受春天的景色之美和生机勃勃，要求在活动过程中调动各种感官，去看、听、闻、尝。在这个过程中，我们要与学生多交流，还要与家长进行交流，布置一些户外实践类的任务，以丰富学生的情感体验。有了这些感受与体验，学生在学习古诗时就会降低陌生感，对学习任务充满兴趣。我们可以引导学生运用这一方法，独立解决课外阅读中遇到的古诗问题，实现从“生活”走向“书本”。这也正是深度学习古诗最大的实践价值，思维在此过程中得到阶段性、跳跃式的发展。

二、渗透方法，扶放结合

教师可把古诗作为一个大单元进行教学。首先，学习其中的古诗，渗透学习方法，如“四读法”：一读读通，二读读懂，三读想画面，四读悟情感。其次，渗透朗读的方法，注意重音、停顿、语速、节奏等，通过想象画面来体会情感，把古诗读好。在小学的起始阶段一、二年级的古诗教学中，教师就要关注诗词中韵脚本身所要表达的情感，融合古诗平仄教学于朗读之中，潜移默化地对学生进行朗读指导，帮助学生领悟诗词的韵律节奏，体味诗词的节奏之美，最终使其内化为学生读诗词时应具备的语感。可以师范读引领、生模仿读，创设情境表演读，小组比赛读，男女生比赛读……熟读成诵，让反复诵读成为低年级段古诗教学的主旋律。

三、聚焦文化，丰厚课堂

党的二十大报告提出：以社会主义核心价值观为引领，发展社会主义先进文化……传承中华优秀传统文化……不断提升国家文化软实力和中华文化影响力。中国特色社会主义进入新时代，对我们提出了传承、弘扬中华优秀传统文化的要求。习近平总书记也多次强调：中华文明源远流长、博大精深，是中华民族独特的精神标识，是当代中国文化的根基。语文教学承担着传承文化的重要任务。学习古诗，要聚焦文化，理解文化，这样才能让课堂厚重丰盈，充满文化气息。古诗《赋得古原草送别》体现了小草顽强的品质，聚焦“精神文化”，在课堂上可以让学生再读读古诗《竹石》《梅花》，体会其中的“精神品质”；古诗《咏柳》《绝句》《晓出净慈寺送林子方》由鲜明的色彩构成了一幅幅明丽的画面，聚焦“语言文化”，课堂上可以让学生再读读“红了樱桃，绿了芭蕉”“晓看红湿处，花重锦官城”“知否，知否，应是绿肥红瘦”“一年好景君须记，最是橙黄橘绿时”等诗句；《村居》《咏柳》《绝句》中都出现了“柳”，聚焦“意象文化”，还可以让学生读读“此夜曲中闻折柳，何人不起故园情”“渭城朝雨浥轻尘，客舍青青柳色新”“沾衣欲湿杏花雨，吹面不寒杨柳风”“羌笛何须怨杨柳，春风不度玉门关”等诗句，体会“柳”更多的寓意；学习古诗《村居》，了解春天放风筝的习俗，聚焦“习俗文化”，还可以读读“待到重阳日，还来就菊花”“遥知兄弟登高处，遍插茱萸少一人”等；古诗《晓出净慈寺送林子方》以传统水墨画为配图，诗画一体，可以聚焦“插图文化”，欣赏题画诗。

四、多元展示，实践活动

教师可以指导学生进行实践活动，给各小组提供交流和展示的平台，比如古诗报告会、古诗文主题沙龙、诗词大会等分享活动。各小组学生自主选择活动方式，可以通过画一画、唱一唱、朗诵、表演等形式进行古诗单元的学习汇报。将古诗课堂学习与实践活动结合起来，让学生在“兴趣激发—互动生成—调整提高—提升兴趣”的良性闭环中逐渐增加阅读古诗的热情和能力，提高对传统文化的兴趣。

综上所述，在低年级古诗教学中，依托多样的课堂活动、丰富的特色作业，探索多种形式的教学方法来调动课堂气氛，提高阅读兴趣，提升语文素养，形成具有实践性的特色教学方法。

提高学生在课堂中的表达质量

北京拔萃骏源学校　张怡

孩子的世界总是充满好奇心和想象力，教师要善于在教学中创设各种机会，激发学生的说话兴趣，学生的思维和想象就会被开启。要培养学生的说话能力，很重要的一点就是激发学生的说话兴趣，调动学生说话的积极性；同时，为了让学生说话做到意思明白、条理清楚，教师在教学时可运用电教多媒体手段、游戏活动等方法。

一、利用教学媒体创设情境，提高说话质量

多媒体创设的情境具有生动、形象、逼真的特点，能使静止的画面动态化、繁杂的画面简单化，把事情的经过展示给学生，使学生有身临其境的感觉，容易引起学生说话的欲望，因而对学生有着极大的吸引力，能增强学生语言表达的条理性。例如，说话训练《小兔运南瓜》共有三幅图，第一幅图是小兔站在大南瓜边犯愁；第三幅图是南瓜已经运到家，兔妈妈疑惑怎么运回来的，小兔高兴地回答……在这里注意要给学生留下想象的空间。这一课的教学是以第二幅图为重点，引导学生分组讨论，可以让学生结合自己的生活经验，展开丰富想象，培养学生的创造性思维。课文中关键的第二幅图没有展现，需要由学生自行绘制完成，自己把故事补充完整。教师在这个环节中，更像是一位提供帮助的服务者，课堂主体是学生。我将学生的图画用投影展示出来，同时用换片的方法，按顺序播放小兔子搬运南瓜的画面。小组发言者在这时候讲述他们小组的故事，把小兔思考的过程、尝试搬运南瓜的办法，一个过程一个过程地说清楚，然后把整个故事串联起来，最后，小组合作探究“看图编故事，分角色表演”。这种练习要求学生看图思意，自行设计出符合图意的对话内容，再分角色以戏剧形式表演于众。这种看、想、设、演的多层次练习，具有浓厚的愉悦性和较强的创造性，对激发学生说话兴趣、

提高学生说话能力均有促进作用。

二、通过游戏活动寓教于乐，提高说话质量

寓说话训练于游戏之中，学生就能在轻松、愉快的气氛中进行学习。在游戏活动教学中，因学生自己参与游戏过程，在表达时往往能讲得头头是道，而且表达的兴趣也更加浓厚。例如，在一年级下册语文课文《小公鸡和小鸭子》教学中，让学生想象小公鸡和小鸭子的心情和动作，进行角色表演。其中，“公鸡弟弟，我到河里捉鱼分给你吃”这句话要演出小鸭子的热情；“我也去”这句话要演出小公鸡也想跟着去的迫切心情；“不行，不行，你不会游泳，会淹死的”这句话要注意读出小鸭子对小公鸡的担心。形式多样、趣味浓郁的游戏活动能增强学生的学习主动性和积极性，从而有效提高学习效率。

在教育教学中，教师和学生的身份虽然不同，但在人格上却是完全平等的。陶行知先生说过：唯有平等，才能将人与人之间的隔阂完全消除，才会发生人格的互相感化。教师和学生既是师生，也是合作伙伴。因此，教师应该承认当今学生的个性特征及每一个学生的内在潜能，重视与学生的交流，平等地对待学生，这一点很重要。

小学全学科阅读素养培养探究

北京拔萃骏源学校 丁宇

以核心素养为指向，掌握有效的阅读策略是培养全学科阅读素养的有效途径。从连续性文本阅读、非连续性文本阅读、文本转化注重整合三个方面培养学生的阅读素养，才能综合提升学生的学科素养和适应社会发展的需要。

一、全学科阅读素养

“全学科阅读”是指从只关注语文学科阅读的狭隘观念中跳出来，把阅读引向数学、英语、科学、音乐、体育、美术、信息技术等所有学科，实现课堂内外的科学沟通、学科之间的有机整合。阅读素养主要是指个体为了实现个人发展目标、增长知识、发展潜力以及参与社会生活，而有效地寻求信息，理解、使用和反思文本的能力。全学科阅读素养重在评价学生运用所掌握的阅读技能学习各领域的新知识及理解实际生活中可能遇到的各种文本内容的能力，而不是考查学生是否掌握基本的读写能力。换句话说，阅读素养重在为了学习而阅读，而不是为了阅读而学习。

二、如何培养全学科阅读素养

（一）连续性文本的阅读策略

当前连续性文本主要出现在语文学科的单篇阅读学习中。《义务教育语文课程标准（2011年版）》中关于阅读的学习行为往往是指单一的、静态的、知识化的低阶阅读思维能力，而对评价、批判、创意等高阶思维能力的培养相对欠缺。

1.群文阅读策略

（1）激发兴趣，养成思维习惯。“群文阅读”就是围绕着一个或多个议题选择一组文章，而后教师和学生围绕该议题展开阅读和集体建构，最终达成共识的过程。群文阅读围绕议题将课内阅读和课外阅读联系起来，让学生发现教材之外还有很多有趣的篇章值得他们探索，从而激发学生的阅读兴趣。议题的学习是群文阅读及教学的基本特征。

（2）提升高阶思维水平。群文阅读中的“议题学习”是任务驱动型学习，具有高阶思维的特征。美国教育家杜威认为：思维不是自然发生的，它一定是由“难题和疑问”或“一些困惑、混淆或怀疑”引发的。

2.整本书阅读策略

阅读能力只有在不断阅读的实践中才能形成与提高，整本书的阅读不同于单篇短章的阅读，学生需要专门的课堂教学指导策略来提高阅读能力，掌握多种阅读方法。

关于整本书阅读，教师要上好四节课：新书推荐课、阅读欣赏课、技能指导课和成果分享课。新书推荐课应该突出介绍作者信息、呈现书评、了解主要内容、浏览目录章节等，其主要目的是让学生整体感知书的内容，激发阅读期待；阅读欣赏课引导学生对书的精彩之处进行鉴赏，可以欣赏文章的片段、作者的表达方式、作品的语言特点等，通过配乐朗诵、任务表演等方式，促使学生在理解的基础上领悟更多细节，受到美的熏陶和感染，帮助学生积累语言材料、了解写作手法、提升思维层次；技能指导课用于指导学生形成自主读书的能力和习惯，包括引导学生合理使用工具书及学习如何搜集信息、处理信息，讲授精读、略读、浏览、速读四种阅读方法，教授学生运用“意群注视法”提高阅读速度，培养学生“不动笔墨不读书”的习惯，指导学生如何做内容摘要、如何写读书笔记和读后感等；成果分享课是教师组织学生通过读后叙述、交流评论和表演展示等活动，分享阅读的收获、心得、成果，主要目的是培养学生的持续阅读兴趣，在与他人分享交流的过程中提升思维品质。

（二）非连续性文本的阅读策略

1.创设情境提供经验

素养是在人与情境交互作用中生成的。教师不仅要关注外部情境中的真实场域或任务，同时也要关注内部心智（如学生的认知、技能和情感等）的发展，唤醒学生已有的生活经验，使其与教材文本内容建立联系，产生认知需求，带着思考进入新知识的学习。

2.任务驱动促进思考

小学数学课本中有很多矩阵型、图表型的非连续文本，如果让学生自主阅读书上的内容，很多学生会感到茫然，不知要看什么，看完也不知要说什么。由于阅读材料碎片化，以及小学生的思维又是点状的，所以阅读之后他们的回答大多是“东一榔头西一棒槌”。这时教师要发挥引领作用，采取任务驱动策略，让学生带着问题去阅读，同时采取重点标识，对每个词、每个图表都应该认真细致地阅读并分析，领会其含义，让学生逐步养成边阅读边思考的习惯。

三、文本转化注重整合

从学科的角度来说，课程整合强调学科是互通的、有密切联系的。学生核心素养要求是培养知识的整合性、跨学科性以及可迁移性。学生在课程整合过程中可以学习运用多种学科思维、学科视角来审视某个相同的知识点，使学习视野得以扩大、高阶思维得以形成、阅读素养得以提升。

随着大数据时代的到来，人们的阅读情境发生了巨大变化。学校、课堂不再是阅读的全部场所，纸质阅读也不再是知识的全部来源。大数据时代下综合化教育的发展趋势，需要阅读突破传统的视域、方法和思维方式，从学科本位走向“全人”发展。在引导学生进行纸质和文字阅读的基础上，我们尝试突破场所、形式、时间等因素的限制，实现阅读方式的“立体化”。如在阅读《鲁滨逊漂流记》整本书的基础上，向学生推荐电影《鲁滨逊漂流记》进行赏析；鼓励学生走进大自然远足挑战自我，实践感悟；然后做读书小报，写读书心得。通过这样立体化的阅读方式，学生深切体会到鲁滨逊身陷绝境仍然充满信心，勇敢面对生活、创造生活的勇气和毅力。教师还可以向学生推荐“喜马拉雅”听书软件中的“经典名著诵读”音频资源，促使学生在多样化的语言环境中提高阅读兴趣。

全学科阅读是一种基于儿童发展需要、基于主题的“大阅读”理念，在这个理念指导下，学校的文化环境也发生了变化。我们建立起了“晨诵—午读—晚讲”三时段阅读课程体系，开放了学校图书馆，学生每天中午都可以到图书馆自由借阅自己喜欢的图书；每年四月都要举行“校园读书节”活动；每位教师都有自己的校本课程，每周一节风雨无阻；每月进行“读书小明星”颁奖活动……阅读氛围的创设对学生阅读兴趣的激发与阅读动力的持续发展起到了积极的促进作用，更为全学科阅读的深入推进提供了肥沃的土壤，这必将促使学生投入到更广泛的阅读活动中去，在阅读中“遇见更好的自己”，在阅读中实现核心素养的全面提升。

汉字的奇幻之旅

北京景山学校通州分校 李文鑫

伴着春风的吹拂，我们迎来了充满生机与活力的一年级下学期。在这个学期里，我带领孩子们踏上了汉字的奇幻之旅，共同探索汉字的奥秘，感受语文的魅力。

一、激发兴趣，点燃热情

在一年级下学期，孩子们已经初步掌握了拼音和简单汉字的读写。为了进一步激发他们对语文学习的兴趣，我设计了一系列生动有趣的教学活动。例如，通过“汉字找朋友”的游戏，让孩子们在寻找相同部首或偏旁的汉字中，发现汉字之间的关联和规律；通过“小小书法家”的评选活动，鼓励孩子们认真书写，培养他们对汉字美的感受。这些活动不仅让孩子们在游戏中学习，更让他们在实践中成长。

二、多元教学，深化理解

在教学过程中，我注重运用多元化的教学手段，帮助孩子们深化对汉字和课文的理解。我利用多媒体课件展示汉字的演变过程，让孩子们了解汉字的历史和文化背景；通过朗读、表演、绘画等多种形式，让孩子们感受课文的情感和意境。同时，我还鼓励孩子们多读书、多写作，通过读写结合的方式，提高他们的语文综合素养。

三、因材施教，关注个体

每个孩子都是独一无二的个体，他们的学习特点和兴趣爱好各不相同。在教学过程中，我注重因材施教，关注每个孩子的个体差异。对于学习困难的孩子，我给予更多的耐心和关爱，通过个别辅导和小组互助的方式，帮助他们克服困难；对于学习优秀的孩子，我则给予更多的挑战和机会，让他们在更高的平台上展示自己的才华。

四、家校合作，共促成长

家庭是孩子成长的重要场所，家校合作对于孩子的成长至关重要。在教学过程中，我积极与家长沟通，了解孩子在家中的学习情况，并向家长反馈孩子在学校里的表现。同时，我还鼓励家长参与孩子的学习活动，如亲子共读、家庭作文等，让家长成为孩子学习路上的重要伙伴。

结语：一年级下学期的语文教学实践让我深刻体会到教育的魅力和挑战。在未来的日子里，我将继续带领孩子们在汉字的奇幻之旅中探索前行，共同感受语文的无穷魅力。同时，我也将不断学习和进步，为孩子们的成长贡献更多的智慧和力量。

借助文本发散学生思维

北京景山学校通州分校　洪莹

二年级下册第四单元的人文主题是“童心”，本单元语文学习要素是运用学到的词语把想象的内容写下来。对标《义务教育语文课程标准（2022年版）》，本单元可以归属于“语言文字积累与梳理”“文学阅读与创意表达”这两个学习任务群。根据学习任务群的定位和要求，创设单元整组“编织趣味童年”学习主题，引导学生在语文实践活动中识字写字，发现构字组词特点；在文学阅读中体会童真童趣；在创意表达中获得个性化的审美体验。因此，在本单元的教学中，我非常注重借助文本发散学生思维，激发学生大胆想象。

在学习《彩色的梦》这篇课文时，我先带领学生朗读，让学生走进这个五彩斑斓的梦境中。然后，鼓励学生基于文本展开想象，想象“这一大把彩色铅笔躺在铅笔盒里聊天，他们会聊些什么呢”，学生借助自己画画的经历，展开了丰富的想象。有的学生说：“他们在聊什么时候才能上美术课。”有的说：“今天小主人会先拿出哪一支彩色铅笔呢？彩色铅笔们不停地争吵着，都觉得自己是最先被拿出的那一支。”有的说：“咱们的小主人最喜欢我这支红色铅笔了。”……在这样的交流中，学生的想法越来越多。随着课文学习的深入，我尝试让学生想一想自己心中的彩色梦境，再用自己的话描述出来，并在课下画出这个彩色梦境。

李彬同学描绘了一幅秋天丰收的画卷：脚尖滑过的地方，大片的稻田，黄了；大个儿的葡萄，紫了；美丽的枫叶，红了，红——得——似——火！

张梓馨同学描绘了夕阳时分河面上的美丽景色：在碧蓝的河水里，鱼儿们跳出水面，水草留下青绿。在平静的河面上，映出一个金色的太阳，又红——又亮！

脚尖滑过的地方，可爱的燕子，来了；岸边的柳树，绿了；娇艳的桃花，粉了，粉——得——醉——人！这是于博岩同学描绘的春天来临时的景象，一个“醉”字，生动表现了桃花的粉艳。

脚尖滑过的地方，一大道彩虹，五颜六色；大朵的云朵，飘来了；大朵的桃花，粉了，粉——得——迷——人！这是王沐萱同学心中春天的彩色梦境，“迷”字写出了桃花的美艳和惹人喜爱。

看着同学们的诗与画，我倍感欣慰。在这堂课中，孩子们不仅学到了课文中的知识，更重要的是，他们的发散性思维得到了充分的激发和锻炼，他们学会了用自己的想象力和创造力去编织属于自己的彩色梦境。我感悟到，通过这样的发散思维教学，孩子们不仅能够更好地理解课文，还能够培养自己的想象力和创造力，为未来的学习和生活打下坚实的基础。

观察与鼓励

——语文写字教学的双重力量

北京景山学校通州分校　刘丽楠

在低年级语文教学中，写字教学占有非常重要的地位。写字教学不仅教会学生书写汉字，更是培养学生多种能力和兴趣的重要途径。在教学过程中，引导学生认真观察生字每一笔画的书写，是一个至关重要的环节。相较上一学期，我所教的这两个班的孩子在书写上有了很大进步。

一、细观察，有方法

仔细观察生字笔画对于低年级学生来说比较枯燥，这就需要教师教授科学的观察方法，指导他们独立、认真地去完成。其实汉字中的独体字笔画较少，相对简单，却不容易写好；合体字由多个部件组合而成，各部件摆放的位置不尽相同。怎样才能把字写得好看呢？这就需要关注“字势”。汉字的外形有不同的“字势”，有的字扁，如“曰、日、皿”；有的字方，如“国、凹”；有的字圆，如“米、永”；有的字长，如“月、目”。总之，汉字各具其势。所以，写字时，首先要观察，从字形入手，方形的字不能写成圆形，长形的字也不能写得宽扁。再抓住能够凸显字形的关键笔画，进行书写提示。教师在写字教学过程中，要以观察为主，让学生自己观察独体字笔画的位置，合体字部件间的关系，笔画的长短、行笔的方向等。学生在观察的基础上练习书写，写完后再与范字比较，发现不同，找出原因，进行修改。当学生仔细观察生字时，还要引导他们关注首笔的定位，第一笔写在什么位置将决定整个汉字所在的位置。这种认真观察的能力，不仅有助于学生更好地书写汉字，还能培养他们的专注力和耐心，让他们在学习中更加细致入微。

二、巧鼓励，有收获

鼓励式教育在写字教学中也发挥着巨大的作用。对学生的每一个小小的进步、每一次正确的书写，教师都应该做出及时的肯定和鼓励。9班的一个小男孩，起初在写字方面较为困难，记得刚开始学写字时，他都需要教师握着他的手写。通过教师的引导，他开始认真观察生字，在教师的不断鼓励下，他逐渐掌握了书写的技巧，字写得越来越规范了。这不仅让他在识字、记字方面有了很大的提升，还激发了他对语文学习的热情。现在每次听写，他基本都能写正确。所以，教师不要吝惜自己的鼓励，这些鼓励如同阳光雨露，滋养着学生的自信心，让他们在写字方面不断取得进步。当学生感受到自己的努力被认可时，他们会更加积极地投入学习中，对语文学习也会产生浓厚的兴趣。

观察与鼓励，就像一双翅膀，带着学生在语文写字的天空中自由翱翔。它们让学生在书写中找到乐趣，在学习中获得成长，为学生的未来奠定坚实的基础。我们应该继续重视这两种力量，让更多的学生在语文写字学习中绽放光彩。

在一年级语文中如何提高学生的书写能力

北京市通州区荣海小学　朱墨桐

《义务教育语文课程标准（2022年版）》明确指出：写字是一项重要的语文基本功，是巩固汉字的手段，对于提高学生的文化素质起着重要作用，必须从小打好写字的基础。小学一年级正是学生写字的启蒙阶段，从小养成正确的写字姿势、良好的写字习惯，规范地书写汉字，达到正确、端正、整洁、书写流利。这既能提高学生的写字兴趣和书写水平，又能为将来传承传统文化打下基础。

从一年级开始就要严格要求、严格训练，逐步培养学生的写字能力。但是从学生平时书写来看，情况不容乐观，亟须改正。为了提高学生写字水平，在平时教学上，我主要从以下几个方面入手。

一、身体力行，为学生树榜样

（一）教师做好示范

首先，教师本人在任何时候写字都要做到率先垂范、以身作则，在潜移默化中对学生形成示范。教师平时的课堂板书、作业批改都需要时刻注意，用正确的书写姿势和握笔姿势给学生做示范。只要是展示给学生的字，随时都要注意字的结构和笔顺，使展现在学生面前的字是一个个正确、端正、规范、漂亮的汉字。

每一个字都是由基本笔画构成的。因此，要写好一个字，就要写好它的每一个基本笔画，而每个笔画都具有起笔、运笔、收笔的技巧。在一年级语文教学中，在教学生认识基本笔画的同时，我还对学生进行严格的笔画指导，并且采用编儿歌等多种方法帮助学生掌握笔画规律，让学生打下扎实的基础。例如，一年级上册中的“妈”字中，“竖折折钩”对学生来说有难度，这时教师范写起了很大作用。先让学生观察，再进行练习，最后学生的书写效果较好。

（二）为学生树立榜样

教师时刻注意树立学生中写字的优秀典型，只要有机会就把学生中好的书写作品进行展示。在每节课后的学生评字环节，要充分利用好评价标准（一评正确，二评规范，三评美观），根据标准修改作品。同时也让其他学生随时都有学习的楷模，激励所有学生写好字。

二、持之以恒，为学生养习惯

规范学生的书写和养成良好书写习惯不是一朝一夕能做到的，需要师生持之以恒。一年级识字、写字是重点，必须保证每节课10分钟的写字时间，坚持讲字、范写、练字、评字四个环节，并及时修改批阅。利用好现有资源，尤其是语文书和小字帖。小字帖的使用是在学习生字之后对学生提出的更高要求，每个笔画起笔、落笔的位置，生字的结构都要求规范。从平时的书写出发，从一个名字做起，事事坚持，课课坚持，日日坚持，很多同学的字都有了很大变化。

三、激发兴趣，为学生指方向

根据一年级学生的特点，为了使学生增强对写字的兴趣，我会定期开展相关的写字竞赛、好字展览等，调动学生的积极性，使学生喜欢写字、爱写字，让孩子们充分展示自己的成果，为孩子们创造展示自己的机会。及时发现学生的进步，给予肯定，从而整体提高他们对写字的兴趣，班级里逐渐形成了良好的写字氛围。

书写汉字对人的一生尤为重要，小学一年级更是打好书写基础的关键时期。一个人如果没有养成良好的习惯和扎实的基本功，对以后的书写有很大影响。所以，写字要从小抓起，而努力提高小学生写字水平的任务，教师则任重而道远。

吟诗作画，以画讲诗

——以《池上》为例，浅谈低年级古诗教学的多彩性

北京市通州区荣海小学　毕昭

古诗词是我国的文化瑰宝，亦是古典文化的精髓。在古诗词中，作者利用简练、生动、优美的语言为读者勾勒出一幅幅优美的、意境深远的画面，让其在阅读之中感受美、理解美、想象美。因此，在小学语文古诗的教学活动中，教师必须充分把握古诗词的美学功能，让学生在诗词学习的过程中，品味精练的语言、理解优美的意境，提升自身的审美能力。

在古诗教学中我们应该积极倡导“美学”的理念——古诗词不仅是一种语言的艺术，还是一种包含了音乐、绘画等的综合艺术，有着巨大的美学价值。在教学中，教师要引导学生快乐地学、美美地学。教师可以通过吟诗、唱诗、演诗、画诗等方式进行古诗教学。古诗有“只可意会，不可言传”的意境美，这种意境最好的展现方式除了诵读以外，就是诗画结合。

《池上》是小学一年级下册第六单元《古诗二首》中的第一首古诗。这首诗好比一组镜头，摄下一个小娃偷采白莲的情景。从诗的小主人公撑船进入画面，到他离去只留下被划开的一片浮萍，有景有色，有行动描写，有心理刻画，细致逼真，富有情趣；而这个小主人公天真幼稚、活泼淘气的可爱形象，也就栩栩如生、跃然纸上了。

一、吟诗有层次，感受音之美

在课程开启之际，确保学生能够准确流畅地朗读古诗无疑是我们首要的任务。为此，我精心设计了一系列字词学习的环节，旨在帮助学生跨越文字上的障碍，引导他们正确读出古诗中的每一个字。随后，我通过男生读、女生读、分组读等多种朗读形式，使他们在反复练习中逐渐达到流畅自如的朗

读水平。最后，我通过范读和引导学生想象画面等方法，使他们能够深入体会古诗的韵味和节奏，进一步领略古诗中蕴含的韵律美。整堂课通过层层递进的朗读方式，使学生不仅掌握了正确的朗读技巧，更在循序渐进中感受到了古诗的无穷魅力。

二、作画有设计，感受诗之趣

通过为诗配画这一充满创意的活动，我们打开了想象力的宝库，不仅深入领略了夏季池塘中荷花盛开的绚烂景象，还真切地感受到了诗中描绘的小娃那天真无邪的童趣，以及诗人对小娃的深深喜爱。

课堂上，我们迎来了两次欢声笑语的互动高潮。第一次高潮是在为诗配画环节，孩子们热情高涨，纷纷举手想要展示他们的绘画才华。我邀请了几位同学上台，在黑板上自由发挥，将诗中的画面用画笔呈现出来。其他同学则作为观众，为他们提供意见和建议。大家纷纷参与其中，通过绘画的方式，一起感受诗中的美景。当绘画完成时，我们共同欣赏这些充满童真的作品，并热烈鼓掌，为孩子们的创造力“点赞”。

在解读“浮萍一道开”这一难点时，我设计了一个有趣的互动游戏。我利用道具模拟了池塘和小船，并邀请几位同学上台来扮演小娃。他们通过划动小船，亲自体验“浮萍一道开”的情景。其他同学则仔细观察并描述他们所看到的画面。这种亲身参与的方式，让孩子们更加直观地理解了诗中的意境，同时也增添了课堂的趣味性。

课堂第二次高潮发生在孩子们分享自己偷偷做过的趣事之后。我鼓励大家敞开心扉，勇敢地表达自己的想法和感受。有的孩子讲述了自己小时候的调皮经历，有的孩子则分享了与家人之间的温馨瞬间。在分享的过程中，孩子们不时发出阵阵欢笑，整个课堂充满了欢乐和温馨的氛围。

通过这些互动环节，课堂变得更加生动有趣。孩子们在轻松愉快的氛围中学习，不仅提高了他们的学习兴趣和参与度，也让他们更加深入地理解了诗意。这样的课堂，不仅让孩子们收获了知识，更让他们感受到了学习的乐趣和意义，整节课都徜徉在诗词的海洋里。在这一过程中，学生不仅品味了古诗词语言的精美，而且丰富了想象力，在想象的过程中，感受到古诗词的美好意境，从而进一步提升了审美能力。

本节课的教学，让我感受到了古诗词所具有的较强的美育功能。这主要是因为在古诗词精练、形象、优美的语言和脍炙人口的佳句中，不仅蕴含了自然界中的一草一木，隐藏着自然界中千姿百态的美，同时也包含了诗人丰富的情感。

因此，在今后的教学过程中，我会继续采用多种形式，带领学生感受韵律之美、体会语言之美、领悟意境之美、理解情怀之美。

一年级下学期生字的学习与复习

北京市通州区荣海小学　杨光媚

小学语文一年级下册教学目标中的“识字与写字”要求学生认识常用生字400个、会写生字200个，在每篇学习的课文中，有7、8个四会字，认读字更是多一倍。在教育教学中，我发现在每学完一个单元后进行的听写、看拼音写词语中，学生的学习情况并不是很理想，而在语文单元练习、课后练习中，学生对课后生字掌握不清，导致无法完成题目。

一、课上应对方式方法

1.直观教学：通过图片、实物等让学生直观感受生字

在课堂上我经常根据生字的特点，展示学生喜闻乐见的照片、视频以及动作演示等，遵循了由形象到抽象的认知规律，吸引了学生的注意力。

比如在教“雨”字时，可以这样做：

①先展示一幅下雨的图片，让学生观察，然后引出“雨”字。

②再让学生用身体的动作模仿下雨，边做边说“雨”字。

③还可以让学生用彩笔画出各种各样的雨，在画的过程中加深对“雨”字的印象。

在教“花”字时，可以这样做：

①准备一些真花或花的图片，让学生欣赏，感受花的美丽。

②教学生唱关于花的儿歌，在歌声中记住“花”字。

③让学生用花瓣拼出“花”字，增加学习的乐趣。

2.趣味游戏：通过猜字游戏、生字卡片游戏等增加学习的趣味性

在探究趣味学习方法时，我发现了“希沃白板”软件，利用此软件可以根据动画自己设计练习题（如下页图）。

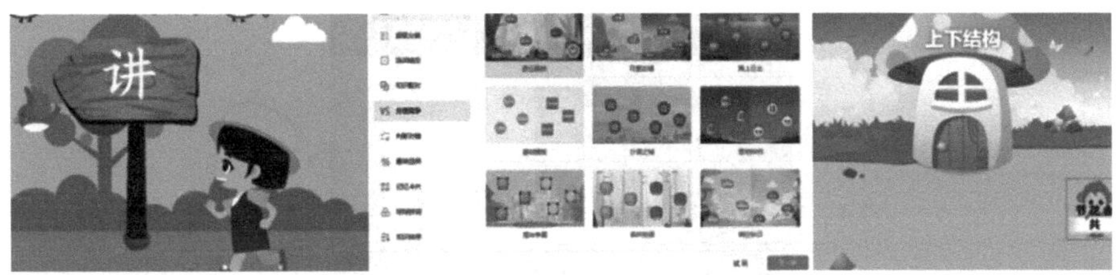

3.多次认读：通过反复认读生字加强记忆

在用多种形式读这方面，除了以往的“开火车”、男女分读、小组读以外，我还找到了另一种方式——“听清我要谁读”，如“请最喜欢杨老师的同学读一读”“请最喜欢上语文课的同学读一读”“请坐姿最端正的同学读一读”……这种方法能够在读的形式上给学生新鲜感，同时提醒他们认真听讲、调整坐姿。（此方式只是个人想法，不知是否恰当，因为会出现占用课上时间较多的问题）

4.结合语境：通过在句子、课文中学习生字理解其含义

教研员王丽老师在培训会上指出“在语境中识字更容易”，因此，应在课上多读书，多读含有生字的句子。

5.书写指导：教学生正确的笔画顺序和书写规范

二、课下的趣味学习和及时复习

1.充分利用课前两分钟

在课前，选一个学生起头读课中的生字、组词、笔画顺序，达到复习和尽快进入上课状态的目的。

2.及时做好课下复习小游戏

我在微信小程序中找到了一款可以按照课文内容根据拼音选词语的小游戏（如下页图），里面包括用认读字组出的新词，这一定会出现学生有不认识的字的情况。但是在观察了几天的课下活动后，我发现有的学生在遇到没学过的生字时，会根据读音去猜，这无形中锻炼了学生的识字能力。

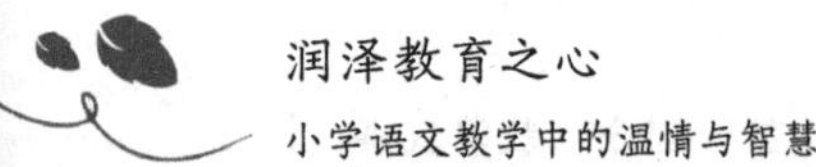

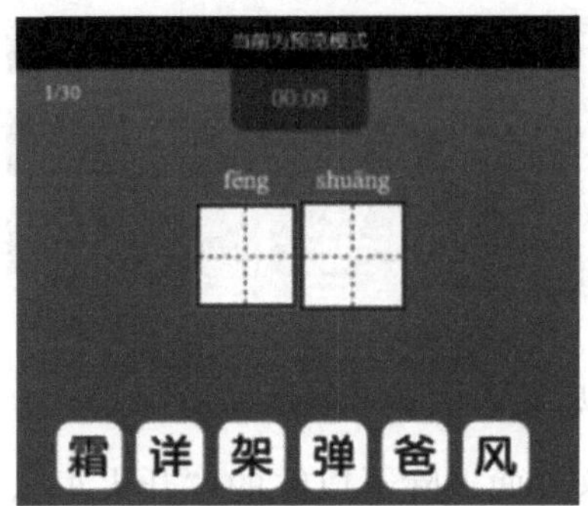

总而言之，对于一年级学生生字生词的学习，应设计不同的方式，扩充学生的学习、复习路径。

依托课后习题　奠定写话基础

北京市通州区台湖学校　刘金

课后习题的有效运用能为学生日后写话奠定良好的基础。统编教材中课后习题占了重要的位置，因此，借助课后习题来为学生写话奠定基础是十分必要的。它能为教师组织课堂教学、进行语言训练提供帮助。

课后习题是语文课程资源的重要组成部分，对课堂教学有着不可或缺的辅助作用。升入二年级，写话练习突然“闯入”我们的视野，但学生无话可写、教师无从下手也成了常态。仔细翻看统编教材，不难发现课文中的课后习题关注了文本的语言形式，是培养学生写话能力的“训练营”，为教师教好写话提供了帮助并指明了方向。

“厚积”方能“薄发”，通过对二年级教材课后习题的梳理可以发现，课后习题中能为学生写话奠基的练习题以“词语积累”为主，从“句子仿写”到“语段仿写”实现了由易到难、循序渐进的教学规律，并且在积累与仿写的基础上逐渐渗透课堂上“仿说”的锻炼。因此，在日常教学中，若能及时有效地运用课后习题，夯实词量、摹写句式、表意有序，那对培养写话能力来说将会事半功倍。

一、多样词汇，逐步积累

在一年级的语文学习中，更注重拼音的教学，而词汇的输入则是侧重于一些简单的词组。随着写话练习能力与要求的提升，对二年级的学生来说简单的词组已经不能满足他们的需求了。如何才能在日常教学中丰富学生的词汇积累，便于以后写话的输出，这就需要教师在课文教学中进行有效引导。

以二年级语文下册第4课《邓小平爷爷植树》的课后题为例，该题呈现的4个四字成语，有描写天气状况的“万里无云”“碧空如洗”，有描述心情的“兴致勃勃”，还有一个是“引人注目”。笔者请班内学生带着感情读词，以此让学生加深记忆，再通过情感拓展延伸出相关词语，借机拓宽学生的视野，如描写天气的还有“风和日丽”“碧空万里”“云淡风轻”等。这样可以让学生的积累从课内延伸到课外，学生在写话中，碰到需要描写天气状况时就能够学有所用。教师还可以根据习题的情景进行拓展、延伸，为学生写话的积累创设途径，如学生人手一本的识字卡片、黑板上创设的“词汇小花园”等，学生可以利用早到校时间、课间休息时间、午饭后时间自行读一读、写一写、记一记。长此以往，学生夯实了词量，在写话时也就有所依仗。

二、词到短语，灵活运用

语文教材的课后习题无非是个例子，凭这个例子要使学生能够举一反三，练成阅读和写作的熟练技巧。积累词语就是为了能够在短语中更好地运用它们，统编教材注重人文主题与语文要素双线并行，短语的灵活运用给我们提供了很好的写话训练点。

如二年级上册第7课《妈妈睡了》的课后习题就要求学生在不同形式的语言结构中发现特点，并联系课本内容和生活经验进行进一步拓展。笔者以此为突破口，指导学生按照“找—读—悟—积累—运用”的步骤，层层推进，从词到短语再到写话，步步为营。比如题目中的“乌黑的”“波浪似的”是要引导学生发现：我们可以描写头发颜色，也可以描写头发形状。通过提问：“这样的描写颜色、形状的词你还知道哪些呢？”学生通过日常生活中的观察，便能迅速说出“花白的”“金黄的”“直直的”“弯弯的”“短短的”等词语。

这些也为本单元语文园地中《我最喜欢的玩具》这一写话提供了先决条件，有学生在介绍芭比娃娃时是这样写的：“我有一个心爱的玩具，名叫芭比。她有一双水汪汪的大眼睛、一个小小的鼻子，还有一头波浪式的长发，可招人喜欢了。”这些词与短语还能为日后以人物外貌为主题的写话奠定基础。

三、语段摹写，落实写话

二年级下册第8课《彩色的梦》是一首想象丰富的儿童诗，作者通过彩色铅笔描绘了大森林的优美景色，我依据本课特点带领学生用彩色的铅笔探寻摹写的灵感。课后习题要求学生“试着仿照第2小节或第3小节，把想画的内容用几句话写下来”。那怎样才能让学生在学习语段后，试着去仿写呢？笔者是这样设计的。

1.以读促思

（1）自由朗读第2小节，思考并画一画：脚尖滑过的地方，还会发生哪些神奇的变化呢？

（2）教师引导。你看到了哪些景物？它们是什么样的？（预设：草坪、野花、天空）指导学生感受“绿、红、蓝”带来的鲜艳画面，并强调“大块”“大朵”“大片”。

2.以读促说

（1）读一读诗歌最后一句“蓝——得——透——明！”，感受破折号的作用。

（2）学生通过多种形式的阅读，感受彩色铅笔带来的美丽景象。

（3）想象说话。课件出示问题：“脚尖还会滑过哪些地方呢？”请学生说一说。

3.以读促写

我是小诗人：请仿照课文第2小节写一写。

在教学中这样一环紧扣一环，使学生乐于把自己看到的、想到的画下来，再转变成文字。

课后习题是一座无穷无尽的宝藏，里面藏着许多待开发的学习资源。在写话练习的教学路上，只要我们高度重视，不断去挖掘并运用课后习题中能辅助写话的一系列有效资源，做到借用习题夯实词量、摹写句式、表意有序，便可以发挥课后习题应有的价值，孩子们也能乘着习题的春风，叙写童心童话。

多元评价　巧批乐改

北京市通州区台湖学校　周洋

我一直认为兴趣是最好的老师，小学时期是学生习作非常重要的起步阶段，如果能够激发学生的学习兴趣，就可以有效发挥出学生的主体作用。作文教学一直是令我苦恼的问题，写作文也让学生很头疼，一谈习作学生就会产生畏惧之心，连出去活动都先问需要写作文吗……在新课改背景下，在作文教学中，语文教师首先要不断改革作文评价方式，改进其评语，这样才能激发学生的写作兴趣，让学生在愉悦的氛围中进行写作。

作文的核心是创造性和思想性。评价语要从多角度出发，因材施教，给予学生有针对性的意见和建议。小学中高年级正是学生世界观、价值观的形成阶段，每一个学生都是单独的个体，都有自己的思想，他们表现出来的行为和想法是不一样的，如何通过评价来启发他们的思想，这就要求作文评价具有针对性与创设性。

一、依据学生特点，设定分层标准

在教学习作时，每次学生创作前，我们都一起设定作文评价标准。细细梳理教材，我们发现其中第二学段安排了四次写人文章，第三学段也安排了四次，从“写出人物特征”到“写出真情实感”，从依托范式结构化地表达到个性化地创造，每次训练都有围绕语文要素的知识点，呈现了递进趋势。从单元整组的角度来看，习作要素是“通过事情写一个人，表达出自己的情感”，基于对单元结构和单元内容的解读，我们可以发现教材在选文编排、习题设计等方面都在引导学生运用学到的方法进行习作。单元作文《让真情自然流露》应让学生完整经历从立意、选材、构思、起草到修改的整个习作过程，在习作实践中学会融情表达。所以在本次习作开始前，我们设定了以下评价标准。

评价内容	评价
内容：就生活中经历的事情，选择印象深刻的内容，有条理、具体地叙述出来	★★★
中心：对印象深刻的事例能够写出自己的心情变化，表达出自己的真情实感	★★★
方法：将感情融入描写中，习作中加入人、物的细节描写，写景时运用借景抒情等描写方法，将真情实感表达出来	★★★

本着“评价先行”的原则，让学生明确评价标准，在此引领下找到习作的正确方向，规范习作内容。

二、巧设横向评改，明确心中标准

从横向角度出发，就是对同一题目的作文，把教师的评语、学生的评语选择性地在班级内展示。学生通过多种评语，了解到什么样的作文是“优秀作文”，什么样的作文是“病例作文”，取长补短，找到自己作文中的不足，掌握写作的技巧。在教学活动中，教师更多关注的是师生共同学习，往往忽视了同学间的学习共同体。

在课堂上，我给予学生相互评价、互动的机会，有时也会让学生借助线上学习平台，了解他人线上学习的成果、状态，学生之间相互借鉴、学习，实现共同进步。

（1）小组组织方法：选出小组长，4—5人为一个小组建立微信群（固定），统筹安排，我参与到每一个群聊中。

（2）批阅方式：小组成员间相互协作，共同完成批阅任务。每个小组每次批改4—5篇作文，轮流交换批阅。从立意、内容、结构上进行评价，直接发送语音或者文字进行建议。在小组批阅的基础上，我再根据需要做适当补充批阅。

基于在学校上的作文评改课，学生经验丰富。修改结束交上来之后，好多同学的作文已经有了相当多的评改建议，有些还非常中肯。我没有具体评价，而是让学生自己看文字、听语音，值得自己借鉴的地方就吸取，如果修改的地方不能表达自己意思的就放在一边，自动过滤。这个过程家长虽然没有参与，但是家长能够看到自己家孩子与别人家孩子的互动过程，多少也能了解一下孩子的习作能力。在日常教学中，我担任两个班的语文教学工作，经常会打破班级的小组阵容，两个班各有特色，能力也各有不同，这个过程也是学习提高的一个过程。

苏霍姆林斯基说过：成功的快乐是一种巨大的情绪力量，它可以促进青少年好好学习的愿望。学生能在这一来一往的批改过程中获得巨大的成就感，在给学生写总评的同时，我也会关注做评价的同学。针对他们提出的具体意见，我也会提出一些意见或者评价，对提出恰当修改意见的同学还要给予更多的奖励与表扬。除了要展示学生优秀的作品，还要展示优秀的评价。能对别人的习作进行品评，学生的内心一定有很高的成就感。当他能够提出有效意见时，我还担心他写不好作文吗？我特别赞同叶圣陶先生所说的：文章要自己改，学生只有学会自改的本领，才能把文章写好。

评改好后，还有一个重要环节就是欣赏佳作。我每次选出数篇，让作者大声朗读自己的文章，其他的学生则认真欣赏，边听边思考。朗读过后，作者再简要介绍文章的思路、选材角度、立意方法等，然后其他学生针对这些话题进行讨论，各抒己见。学生在这样的一个讨论过程中，不仅能够赏析优秀的习作，而且对写作方法也有了一个更加清楚的认识。而在这个过程中，教师可以适当地进行点拨，也可以参与到学生的讨论之中，真正将课堂还给学生，让学生从中获得乐趣。

三、重视纵向评改，积累写作素材

逝去的时光从来都是一去不复返，我却没有遗憾，因为我总能从学生笔尖流淌的文字中找到熟悉的场景，一帧帧、一幕幕。每接任一个班的语文教学工作，我都鼓励学生用写作的方式去记录生活中的点点滴滴，尽情抒发心中的所思所想，在岁月的长河中，留下属于自己的痕迹。

开学第一天，我就会开始布置周记，并向学生说明：四年后，这个小本子我会作为礼物送给他们。所以从一开始，他们就会精心挑选精美且牢固的小本子来记录自己的生活。《开学第一天》他们写了四年，八篇文章整整齐齐地写在本子上，从一开始略显幼稚却工整的字迹、流水账式的行文让我看到了他们对新老师的好奇，到最后一篇充满对小学生涯最后一次开学的不舍，只从这一篇文章我就看到了一个孩子的成长：再也没有流水账式的开学第一天，从在家吃完早饭开始写一直写到了放学回家，甚至钻进被窝的那一刻；四年后的学生可以抓住班级角落中一个小得不能再小的事物展开回忆，感伤离别……可以说这个周记本，记录了很多美好的生活，也见证了他们的成长。他们最期待的就是每周五空出来的那节语文课，因为他们可以尽情展示自己眼中有趣的生活，课堂上的掌声就是对他们习作的最高评价。

每一周的习作我都会写上评语。现在的学生更喜欢开放的方式，对只有分数和简洁评语的作文评价已经失去了兴趣。这种方法过于含糊，综合打分不能体现出文章具体的优缺点，教师评语也往往简短，只说哪里好或不好，学生知其然不知其所以然，有时也不知道该如何改正。这样的评价难以激励学生，更不能有效提升写作素养，所以对于作文评分标准，我们教师应当做出相应改变。周记不同于教材中的习作任务，这个本子上更多的是学生的真情流露，所以这个本子上的评价基本上无关技巧，更多的是我和他们关于内容上的互动。

毕业那天，他们拿走的不光是毕业证书，还有我提前准备好的礼物——被包装纸包裹好的周记本，上面被我用花朵特意装饰了一下。关于生活，关于习作，我想告诉他们美好的生活值得记录，无论酸甜苦辣都可以成为创作的素材。

四、创新横纵评改，点燃写作兴趣

《义务教育语文课程标准（2022年版）》在写作教学中建议：积极合理利用信息技术与网络的优势，丰富写作形式，激发写作兴趣，增加学生创造性表达、展示交流与互相评改的机会。多年以前，学校特意创办了校刊，每个月都会出一期学生的优秀习作精选。学生的习作热情高涨，以自己的作品出版在校刊上为荣，这更加刺激了他们创作的欲望，每月校刊刚一到班就成为每人传看的“香饽饽”，大家边品读边讨论。然而，这个平台因为一些原因现在没有了，我又不想错过这样好的教育机会，便借助网络平台，设置了更多的栏目。比如，“积累天地”：学生可以把自己收集的好词佳句分享到公众号中，让更多的同学看到，争取共同进步；“班级日志”：每周安排不同的学生轮流记录本周班级发生的大事件，师生共同参与讨论，进一步增进师生情谊。学生、家长、社会人士都可以发表言论，可以是夸赞的语言，也可以提出意见，学生在下边留言讨论，突破各方面条件的限制，打破了当面评价的局促感。在这个平台上，每一个有兴趣的学生都是主角，他们可以评价，也可以被评价。

作文评价是作文教学的重要组成部分，小学又是学生接触作文的起始阶段，巧用不同的评价方式，让学生在口语表达、用词、修辞使用、文章结构和语言等多方面的能力得到明显提高，更重要的是，保持对于创作的热忱，让自己的文章有思想、有创新。教师巧批，学生乐改，点燃习作创作的力量。

探索提高学生语言表达能力的策略

——以《蜘蛛开店》为例

北京景山学校通州分校 李厚壮

在语文教学的广阔天地里，每一篇课文都是一座宝库，蕴含着丰富的语言智慧与表达技巧。《蜘蛛开店》这篇寓言故事，以其生动的情节、鲜明的角色和深刻的寓意，成为提高学生语言表达能力的绝佳素材。本文将从多个维度出发，探讨如何以《蜘蛛开店》为例，有效提升学生的语言表达能力。

一、激发阅读兴趣，培养语言感知力

首先，要提高学生的语言表达能力，必须激发他们的阅读兴趣，使其对文本产生深厚的情感连接。《蜘蛛开店》的故事情节跌宕起伏，角色形象鲜明，极易引起学生的好奇心和共鸣。教师可以通过生动的导入、精彩的朗读或利用多媒体手段展示故事场景，迅速吸引学生的注意力，引导他们进入故事的世界。

在阅读过程中，教师应鼓励学生放慢速度，细细品味文中的每一个词、每一句话语，感受作者如何用精练的语言描绘出蜘蛛开店的一系列波折。通过反复阅读、讨论交流，学生可以逐渐培养出对语言的敏感度和感知力，为后续的语言表达打下坚实的基础。

二、分析角色语言，学习表达技巧

《蜘蛛开店》中的角色各具特色，它们的语言风格各异，为学生提供了丰富的表达范例。教师可以引导学生深入分析每个角色的语言特点，如蜘蛛的无奈与坚持、河马的憨厚、长颈鹿的优雅以及蜈蚣的惊讶等，让学生体会不同情境下角色语言的变化和差异。

在分析过程中，教师可以采用角色扮演的方式，让学生亲自体验角色的

情感与语言。通过模仿角色的语气、语调、表情和动作，学生不仅能够更深入地理解角色的内心世界，还能在不知不觉中学习到丰富的表达技巧。例如，如何运用恰当的词语和句式来表达不同的情绪；如何通过语气、语调的变化来增强语言的感染力和表现力等。

三、拓展想象空间，激发创造力

《蜘蛛开店》的故事虽然简短，但留下了许多想象的空间。教师可以利用这一点，鼓励学生发挥想象，对故事进行续写、改编或创作新的故事。在创作过程中，学生需要运用所学的语言知识来构思情节、塑造角色、表达情感，这无疑是对他们语言表达能力的一次全面锻炼。

为了激发学生的创造力，教师可以提供一些启发性的问题或线索，比如“如果蜘蛛再次开店，它会选择卖什么？”“当蜘蛛遇到更大的挑战时，它会如何应对？”等。同时，教师还可以组织学生进行小组讨论或合作创作，让学生在相互启发和碰撞中激发出更多的创意火花。

四、加强口语训练，提升表达能力

语言表达不仅包括书面表达，还包括口语表达。在《蜘蛛开店》的教学中，教师应注重加强学生的口语训练，通过多种形式的活动来提升学生的口语表达能力。

复述故事：让学生用自己的话复述故事的主要情节和角色对话，这不仅可以锻炼学生的记忆力和语言组织能力，还能帮助他们更好地理解和吸收故事中的语言精华。

讨论交流：围绕故事的主题、情节、角色等方面展开讨论交流，鼓励学生积极发表自己的观点和看法。在交流中，学生需要运用清晰、连贯的语言来表达自己的思想，这有助于提升他们的口语表达能力和逻辑思维能力。

演讲表演：组织学生进行演讲或表演活动，如“我最喜欢的角色”“如果我是蜘蛛”等主题演讲，或是对故事进行改编后的表演。这些活动可以让学生在实践中锻炼自己的口语表达能力和舞台表现力。

五、注重反馈评价，促进持续发展

在提高学生语言表达能力的过程中，教师的反馈评价起着至关重要的作用。教师应及时对学生的语言表达给予肯定和鼓励，指出他们的优点和不足，并提出具体的改进建议。同时，教师还应引导学生学会自我评价和相互评价，培养他们的批判性思维和自我反思能力。

此外，教师还应关注学生的个体差异和发展需求，为不同层次的学生提供个性化的指导和帮助。对于语言表达能力较弱的学生，教师应给予更多的关注和支持，鼓励他们多参与课堂互动和实践活动；对于语言表达能力较强的学生，教师则应提出更高的要求和挑战，激发他们的潜能和创造力。

总之，《蜘蛛开店》这篇寓言故事为提高学生语言表达能力提供了丰富的资源和广阔的空间。通过激发学生的阅读兴趣、分析角色语言、拓展想象空间、加强口语训练以及注重反馈评价等多种策略的综合运用，我们可以有效地提升学生的语言表达能力，为他们未来的学习和生活奠定坚实的基础。

让学生在想象中成长

——古诗教学中的情境联系：以《静夜思》为例

北京市通州区台湖学校　周洋

古诗作为中华文化的瑰宝，不仅承载着丰富的历史信息，更蕴含着深厚的文化意蕴。在古诗的教学中，引导学生深刻领会古诗的情感和意境，无疑是一项极具挑战性的任务。情境联系作为一种高效的教学策略，能够将古诗与学生的生活经验紧密相连，帮助学生在情感上与古诗产生共鸣。本文聚焦于古诗教学中情境联系策略的应用，以《静夜思》为例，探讨如何将古诗与学生的生活经验相结合，以增进学生对古诗情感和意境的理解。

在课堂上，我首先介绍了作者李白的生平和创作背景，尤其是他背井离乡的经历，为学生理解诗中的思乡之情打下了基础。我的介绍为学生提供了情境背景。更进一步，我鼓励学生思考自己是否有过类似的经历，如离家上学或参加夏令营等。我邀请学生分享自己离开家乡或亲人时的感受，这一做法有效地激发了学生的情感共鸣。我确保每个学生都有机会发言，并给予积极的反馈和引导。

接下来，我组织了一个互动环节，让学生分组讨论他们对李白思乡情感的理解，并尝试从不同角度思考这种情感。学生积极参与，提出了许多有见地的观点。我引导学生想象自己在一个宁静的夜晚，身处异乡，仰望天空中的明月，思考自己的心情。情境模拟有助于学生在心理上进入诗中的环境。在这个环节中，我邀请学生闭上眼睛，安静地聆听一段轻音乐，让他们的心沉浸在这种情境之中。

通过提问，我引导学生思考李白在诗中所表达的思乡之情与学生自己的感受有何异同。我鼓励学生提出问题，比如“李白为什么会在这样的夜晚产生思乡之情？”“如果是你，你会如何表达这种情感？”学生在小组内进行了热烈的讨论，并分享了他们的想法。在引导学生通过提问深入思考李白的《静夜思》时，学生的回答和想法可能会非常丰富与多样。以下是一些学生可能的回答或想法。学生A说："我觉得李白在夜晚看到明月时，会想起家乡的亲人，因为月亮是大家都能看见的，它连接了我们和远方的家人。"学生B分享："我上次参加夏令营的时候，晚上看到月亮，就特别想家。我觉得李白的心情和我那时候很像。"学生C提出："李白是唐代的诗人，他的生活和我们很不一样。他没有手机和网络，所以看到月亮时会更加强烈地想念家人。"学生D说："如果是我，我可能会用写信或画画来表达我的思乡之情，因为我觉得文字和画面能够传达我的心情。"学生E有个有创意的想法："我觉得可以制作一个月亮形状的信物，送给远方的家人，代表我们的思念。"学生F更是深入思考："李白的思乡不仅仅是对家人的思念，可能还包括对家乡自然风光的怀念、对童年记忆的追忆。"通过这些真实的课堂互动，学生不仅能够更深入地理解李白的《静夜思》，还能够学会如何将古诗文与自己的生活经验相结合，从而更全面地理解古诗的情感和意境。这种互动式的学习方式，有助于培养学生的批判性思维、创造力和同理心。

情境联系策略在本堂课中有效地帮助学生理解了古诗的情感和意境，但需要教师精心设计和引导。学生在情境联系活动中的参与度较高，我注意到每个学生都有机会表达自己的观点。通过情境联系，学生不仅学习了古诗文，还在情感上得到了教育和启发，这对学生的全面发展具有重要意义。

在《静夜思》的教学案例中，我通过情境引入、情感共鸣、情境模拟和情感深化等步骤，有效地引导学生体会诗中的思乡之情。为了进一步提升教学效果，我需要不断探索和改进情境联系的实施方法，确保每个学生都能在情感上与古诗产生共鸣。

如何在一年级语文教学中提高学生的识字能力

北京市通州区荣海小学　朱墨桐

识字教学是小学语文的重要组成部分，也是低年级教学的重难点。《义务教育语文课程标准（2022年版）》在“识字与写字”领域提出了明确的目标。其中第一学段就包括：让学生“喜欢学习汉字，有主动识字、写字的愿望”，且“认识常用汉字1600个左右，其中800个左右会写”。学生需要学习独立识字，能借助汉语拼音认读汉字，学会用音序检字法和部首检字法查字典。对于一年级小学生来说，他们的特点是爱玩、好动，注意力很难长时间保持集中，因此，对一年级学生识字能力的培养则显得至关重要。作为一名小学一年级的语文教师，我深知识字教学的重要性，也非常关心如何让孩子们轻松愉快地学习汉字，提高他们的识字能力。在平时教学中，我主要从以下几个方面入手。

一、把握课内识字教学

1.准确把握识字要求

一年级教材的教学目标是认识常用汉字400个。目标中要求认识的字，与以前所理解的“识字”，要求有所不同。“多认少写”是为了扩大初入学儿童的认字量，使他们提早进入汉字阅读阶段。所以，只要学生能够把所学的汉字运用于阅读就可以了，既不要求书写也不要求对汉字的结构做过细的分析。

2.鼓励学生用自己喜欢的方式识字

提倡学生运用记忆规律，发现新知与旧知的联系，与学过的或者见过的字相结合。例如通过我们学过的“青字家族”“包字家族”，让学生进行联想。因学生的学习风格不尽相同，教师应鼓励学生用自己最喜欢、最习惯的方法尽快地认识汉字。让学生自己当识字“小老师”，给同学讲字。

3.调动学生的识字积累，引导学生在生活中识字

汉字源于生活，因此我鼓励孩子们在生活中识字，让生活成为识字的大舞台。鼓励学生自主识字，依托教材中的有关内容，如认姓氏字，认各种标牌上的字，家长带孩子认识店铺招牌、广告标语等，在日常生活中增加孩子识字的机会，让他们认识到汉字无处不在。

4.在语言环境中识字

学生应该做到字不离词、词不离句、句不离文。对低年级学生识字的要求是能在语言环境中认识就算认识。我们要有意识地给学生提供丰富的语言材料，使学生在不同的语境中巩固识字。让学生在特定语境中进行练习，这样学生也更感兴趣。

5.渗透识字知识和识字方法

（1）在识字过程中，适当渗透识字知识和识字方法，培养学生自主识字的能力。

结合汉字的学习，认识最常见的偏旁。如果发现汉字中的某一部分是学生会认的独体字，加上认识的偏旁，可以指导学生运用熟字“加一加”“减一减”的方法来学习。

（2）兴趣是最好的老师，为了激发学生的识字兴趣，我采取了多种方式。

故事导入：在每节课开始时，我都会给孩子们讲一个生动有趣的故事，在故事中引入本节课要学习的生字，让孩子们在听故事的过程中自然而然地接触和认识生字。

游戏识字：孩子们最喜欢的就是游戏，因此我设计了许多与识字相关的游戏，如开火车、猜字谜、摘苹果等，在游戏中，孩子们既可以感受到学习的乐趣，又可以轻松地掌握生字。

二、教给学生多种识字方法

在激发孩子们识字兴趣的同时，我注重教给他们多种识字方法，提高他们的自主识字能力。

1.形象记忆法

针对一年级学生以形象思维为主的特点，我运用形象记忆法帮助他们识字。如教“马”字时，我会让孩子们观察马的图片，并与汉字进行比较，从而帮助他们记住“马”字的字形。

2.部件分析法

我引导孩子们对汉字进行部件分析，帮助他们理解汉字的构成，例如让孩子们说一说“妈”字由“女”和“马”组成，从而帮助他们记住这个字。

3.对比记忆法

把相似或容易混淆的汉字放在一起对比教学，让孩子们找出它们的不同之处，帮助他们更好地记住这些汉字。如“人”和“入”、“木”和“禾”等。

三、及时反馈评价

为了激发孩子们的识字热情，提升他们的识字效果，我非常重视及时反馈评价。我会定期对孩子们的识字情况进行检查，对于表现优秀的孩子及时给予表扬和鼓励，对于存在问题的孩子给予及时的指导和帮助。同时，我还会组织“识字达人大比拼”等识字比赛活动，让孩子们在比赛中展示自己的识字成果，激发他们的识字动力。

识字是阅读和写作的基础，未来的日子里，我将继续努力，不断探索和创新教学方法，帮助我的学生在识字的道路上越走越远，让他们在汉字的世界里自由翱翔！

浅谈深度学习视域下小学识字教学路径的优化

——以一年级上册第五单元识字教学为例

北京市通州区荣海小学　毕昭

识字与写字不仅是阅读和写作的基本前提，更是小学阶段教育的核心任务，它的重要性贯穿于整个义务教育的学习过程。然而，对于正处于语言学习初级阶段的学生来说，汉字的学习与运用无疑是一项艰巨的挑战。尽管我国教师在识字写字教学方面已经积累了相当丰富的教学方法和经验，但仍然存在一些亟待解决的问题。因此，在识字写字教学中，应充分结合汉字的独特性、学生的认知发展阶段以及他们已有的读写经验，以提升他们对汉字的理解和运用能力，进而培养他们的语文核心素养。深度学习理念为这一过程提供了全新的思考维度。深度学习是指在教师的引领下，学生围绕有挑战性的学习主题，全身心积极参与、体验成功、获得发展的学习过程。识字教学的深度学习，其实是一个从表面到内核、从外在到内在的渐进过程。在这个过程中，学生不仅要认识字本身，更要深入领悟字里行间所蕴含的情感与表达。那么，教师在语文教学过程中，如何紧密结合教材的特点，进行科学合理的教学设计，实现识字方式的多元化，从而有效提升识字教学的效果呢？这不仅是一个教学技巧问题，更是一个关乎学生语言素养培养的重要课题。

一、任务驱动，在情境中深度积累

《义务教育语文课程标准（2022年版）》指出：语文课程要从学生的生活实际出发，创设丰富多样的学习情境，设计富有挑战性的学习任务，激发学生的好奇心、想象力、求知欲，促进学生自主、合作、探究学习。在教学建议中提倡低年级要“多认少写”的识字教学理念。第五单元是统编版一年级语文教材上册的第二个集中识字单元，安排了五篇课文《画》《大小多少》《小书包》《日月明》《升国旗》。识字单元重在引导学生识字、写字，发现汉字规律，鼓励学生运用学过的方法自主识字。从文本属性来看，可结合基础性学习任务群“语言文字积累与梳理”的群组特性进行教学。在第一单元识字基础上，学生掌握了一定的识字方法，认识了象形字，初步感受了汉语的音韵特点。比较而言，第一个识字单元所要求认识的字大多属于“有关人的身体与行为、天地四方、自然万物等方面的常用字”，这个识字单元大多属于“主要认识学校生活中的常用字”。将识字寓于生动形象、充满童趣的情境之中，内容浅显，内涵丰富，形式多样。

低年龄段学生活泼好动、好奇心强。他们对形象直观的图画比较感兴趣，善于模仿，富于想象，表现欲强，易于接受直观形象的事物。学习积极性很高，但学习持续时间较短是这一阶段学生的主要特点。面对这样的学情，可以根据低学段儿童的身心特点，创设能够激发儿童情感的情境，同时结合多种识字方法，帮助学生在情境中主动表达心中所想，从教到扶再到放，在情境之中自然地掌握识字方法，提高识字兴趣，进而让学生养成自主识字的习惯。

因此，为落实本单元“利用生活经验，创设教学情境，采用直观手段，激发识字热情”这一要素，结合一年级学生的年龄特点，通过创设以“争当识字达人”为主题的真实任务情境，引导学生主动识字。（见下图）

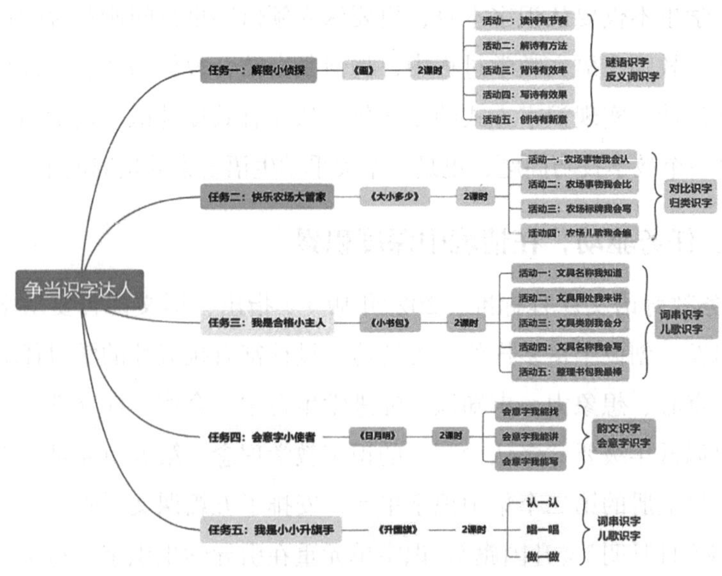

二、掌握规律，在对比中深度理解

在小学识字教学中，掌握汉字的规律是至关重要的一环。通过对比、分类和分析汉字的结构、构成与音韵规律，学生可以深度理解汉字的形成过程，提高识字的准确性和效率。以下是针对一年级上册第五单元识字教学的规律掌握策略。

首先，通过对比汉字的构造规律来深度理解汉字之间的联系。如在教学《画》一课时，通过反义词识字，来加深学生对“远、近、有、无”的理解；通过字源识字来学习“声”字。

片段一：

师课件出示“远看山有色，近听水无声”。

（1）请你找出诗句中的反义词。

（2）识记“远、近”两个字。

①指名读。提示：“远”是整体认读音节，“近”是前鼻音。

②引导发现。这两个字有什么相同的地方？

③认识新偏旁“走之”。你见过哪些带有“辶”的字？

④说一说。同学们坐在自己的位置上看一看，谁离你远？谁离你近？

⑤以下有“有、无”的词语，请你读一读。

有口无心　　无中生有　　有气无力　　有头无尾　　一无所有

片段二：

字源识“声”字。

（1）猜字。同学们，这个甲骨文是什么字？（课件出示）

（2）识记。这是声音的“声”，古人发现拿着小锤敲击乐器就能发出声音，后来这个字演变成现在的样子。（出示简化后的“声”字，见下图）

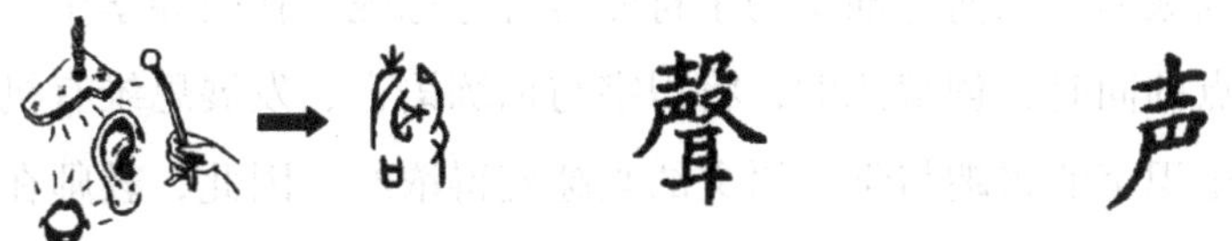

（3）在上学的路上，你听到了什么声音？在公园里散步时，你听到了什

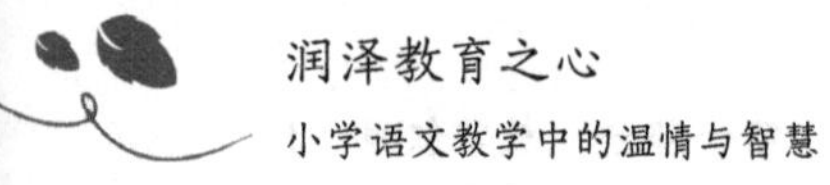

么声音?

通过对比不同部首组合下的汉字，学生能够逐步掌握部首的功能和作用，从而更准确地识字和理解汉字的结构特点。如在教学《大小多少》一课时，通过鸟字边和反犬旁的学习，来认识“鸭、鸡、鹅”和“猫、狗、猪”等字。

在《小书包》一课中，教学“笔”字，同样利用字源识字的方法。

（1）出示词语卡片，指名认读：笔袋、铅笔、转笔刀。

（2）出示毛笔的图片。（见下图）

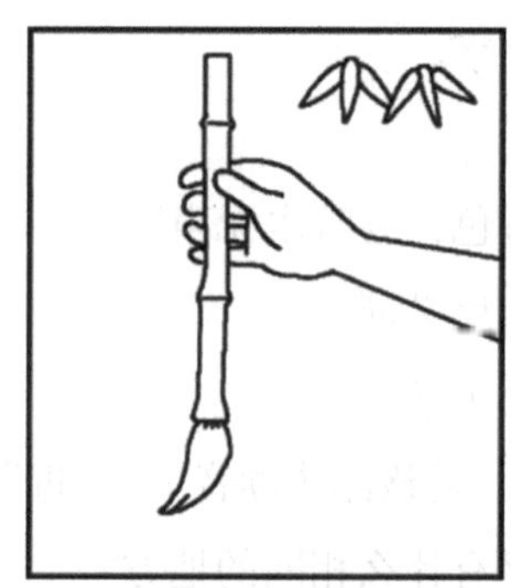

（3）引导识记。古时候人们用毛笔写字，你看毛笔的笔杆是用什么做的?（竹子）笔头是用什么做的?（动物的毛）

（4）认识竹字头。点拨：人们后来就把“筆”字上半部的“𥫗”写成“⺮”，这就是我们今天要认识的新偏旁。学生齐读偏旁名称——竹字头。

（5）说一说。除了铅笔外，你还见过什么笔?

《日月明》是一篇根据会意字构字规律编排的识字课文。通过朗朗上口的短句，揭示了会意字的构字特点，学生在诵读中可以感受到汉字构字的趣味，进而激发更大的识字热情。学生在前面的学习中初步感受了象形字的特点，这有助于学生感受会意字的构字规律。汉字对初学认字的一年级学生来说是非常抽象的，如何将抽象的字符变得有意思呢？在引导学生了解会意字的构字特点的同时，创编儿歌，将识字与训练语言、发展思维有机地结合起来，让学生识字的兴趣与学习语文的兴趣变得浓厚。因此，教师在课上设计了这样的任务。

收集会意字，自创儿歌。

（1）收集会意字，可以做成识字卡片展示。

（2）根据课文形式，自创会意字儿歌，可以独立完成，也可以合作完成。

采＝手在树上，采摘东西。

灾＝室中失火，酿成火灾。

苗＝田间长草，植物幼苗。

掰＝用手分物，掰为两截。

综上所述，通过深入掌握汉字的构造规律，学生可以在对比和分类中深度理解汉字的内在联系和规律特点，教师运用图片、视频等多媒体工具，生动直观地展示字源，引导学生深入探究。在辨析比较中，学生得以深度理解、记忆和运用汉字，思维得以开阔、灵活、敏捷和深刻。学生通过这种方式，避免了机械记忆，有效提高了独立识字的能力，这些词语丰富了学生的语言储备，从而提高识字的准确性和效率，促进语文素养的全面提升。教师在教学中应注重引导学生积极探索、比较分析，培养其自主学习的能力和思维能力，为他们的语言发展和文字素养提升奠定坚实的基础。

三、多元评价，在应用中深度体验

在小学识字教学中，多元评价是促进学生全面发展和提升学习效果的重要手段。通过多种评价方式和方法，教师可以全面了解学生的识字水平和学习需求，从而指导和帮助他们更好地应用所学知识，深度拓展识字能力。以下是针对一年级上册第五单元识字教学的多元评价和深度拓展策略。

（一）巧用学习单，提高课堂效率

对于一年级上册第五单元的识字教学，教师可以巧妙运用学习单，实现教学评一体化，以全面了解学生的识字水平和学习需求。通过设计富有针对性的学习单，教师可以引导学生在学习中自我检测、自我评价，同时教师也

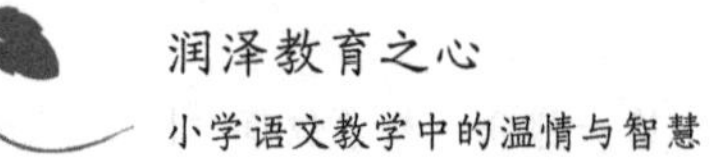

能根据学习单的反馈情况，及时调整教学策略，帮助学生更好地应用所学知识，深度拓展识字能力。此外，学习单还可以作为家长参与评价的媒介，让家长更直观地了解孩子的识字情况，形成家校共育的良好氛围。总之，多元评价加上学习单的使用，能够更有效地提升学生的识字兴趣和效果，促进学生的全面发展。下面是本单元学习单的设计举例（见下图）。

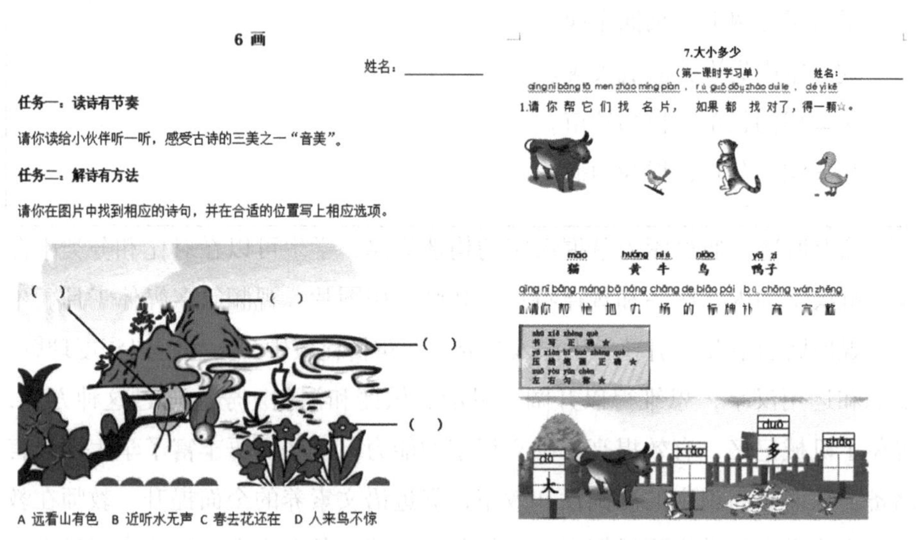

（二）评价先行，教学评一体化

教师可以运用多种评价方式，如个人评价、小组评价、全班评价等来全面评估学生的学习成果和能力，激励他们进一步拓展识字能力，提升学习效果。

教学评价不仅是学生学习效果的反馈，也是教师反思和改进教学的有力手段。以学生发展为评价导向，本着教、学、练、评一体的原则，跟进学生的每个学习过程，抓住关键，突出重点，通过“识字达人晋级赛”，采取自我评价、同伴评价、教师评价等多种方式，注重评价主体的多元与互动，使学生全面客观地认识自己在本单元学习中的进步与不足，教师也能够随时关注学情，有效调控，发现自己在教学中的不足，及时进行查漏补缺（见下页表）。

识字达人评价表				
评价等级	评价标准	评价方式		
		自评	小组评	教师评
A	1. 正确认读生字和偏旁、笔画 2. 正确、规范、美观地书写生字 3. 有节奏朗读、熟练背诵指定课文	☆☆☆☆☆	☆☆☆☆☆	☆☆☆☆☆
B	1. 正确认读生字和偏旁、笔画（错误不超过 2 个） 2. 正确、规范地书写生字 3. 正确朗读、能够背诵指定课文	☆☆☆	☆☆☆	☆☆☆
C	1. 能够认读生字和偏旁、笔画（错误 2 个以上，不超过 5 个） 2. 基本正确地书写生字（错误不超过 3 个） 3. 正确朗读、基本能够背诵指定课文	☆☆	☆☆	☆☆
D	1. 基本认读生字和偏旁、笔画（错误超过 5 个） 2. 基本正确地书写生字（错误超过 3 个） 3. 基本正确朗读、不能够背诵指定课文	☆	☆	☆

根据实际情况为五角星涂色，每过关一课，给一颗星涂色。获得五颗星的学生被评为“识字达人”。

此外，可通过实践活动和应用情境来拓展学生的识字能力。在识字教学中，教师可以组织学生参与各种实践活动，如识字游戏、课外阅读、语言实践等，让学生在不同情境下灵活运用所学汉字，提高识字的实际能力和应用水平。通过实践活动的参与和交流，学生可以深入理解汉字的实际应用和意义，拓展识字能力和语文素养。同时，教师可以结合学生在实践活动中的表现和反馈，进一步调整和优化识字教学策略，促进学生在应用中深度拓展识字能力。

综上所述，通过多元评价和应用情境的深度拓展，教师可以全面了解学生的识字水平和学习需求，指导学生更好地应用所学知识，提高识字能力和语文素养。教师在教学中应注重多种评价方式的灵活运用，激发学生的学习热情和积极性，从而促进他们在识字教学中的全面发展和成长。通过多元评价和应用情境的深度拓展，学生可以更好地掌握识字知识，提高识字能力和语文素养，为其未来的学习和发展奠定坚实的基础。

在深度学习视域下小学识字教学路径的优化中，我们探讨了任务驱动、规律掌握和多元评价这三个关键方面。首先，通过任务驱动的教学方式，可以创设丰富多样的学习情境，激发学生的学习兴趣和主动性。其次，通过掌握规律的方法，学生可以在对比、分类和分析中深度理解汉字的结构、字源和形声字形旁表意规律，提高识字准确性和效率。最后，通过多元评价和应用情境的深度拓展，教师可以全面了解学生的学习水平和需求，促进学生的全面发展和提升识字能力。综合以上三个方面的策略，教师可以激发学生的学习热情，引导他们自主学习，帮助他们全面提升语文素养，为未来学习奠定坚实的基础。通过结合深度学习理念和对小学识字教学路径的优化，我们可以为学生的语言发展和文字素养提升做出积极贡献。

小学一年级语文写字方面教学建议

北京市通州区荣海小学　杨光媚

根据教育部最新制定的《义务教育语文课程标准（2022年版）》，对于一年级学生的识字写字要求主要包括以下几点：一年级学生应认识常用汉字1600个左右，其中800个左右会写；须掌握汉字的基本笔画和常用的偏旁部首，能按基本的笔顺规则用硬笔写字；养成良好的写字习惯，写字姿势正确，书写规范、端正、整洁；在识字和写字的过程中，学会观察字形，体会汉字部件之间的关系；学会梳理学过的字，感知汉字与生活的联系；识字与写字教学应结合学生的生活经验，采用形象而直观的教学手段，创设丰富多彩的学习情境；先认先写“识字、写字教学基本字表”中的300个字，逐步发展识字写字能力，重视书写习惯。

这些要求旨在帮助一年级学生打好识字写字的基础，培养良好的学习习惯，并逐步发展他们的语文能力。

本班学生在识字写字方面存在的问题：笔画顺序混乱，书写不工整美观，复习与练习较少。针对本班学生的这些问题，我设计出如下应对策略。

一、利用生字学习条

利用生字学习条将每篇课文中出现的生字进行组词、笔顺按顺序展示，在课前、早读或者是布置复习、预习等作业时进行阅读复习。同时，在说笔画规律的时候，伸出手指空书，加深印象。

二、培养识字、讲字“小老师”

在课上的识字写字环节中，除了教师讲字以外，培养识字、讲字“小老师”，以下面四个环节为“小老师”讲解内容：一看结构，二看笔顺，三看重点笔画，四组词。此环节把课堂交还给学生，让生字的学习更加富有趣味性。

三、书法练习——课间书法家

通过书法练习，让学生感受汉字的美感，同时培养学生书写规范的习惯。利用课间时间，引导学生主动完成“课间书法家”字贴（见下图），并在统一时间进行表扬、展示，加强他们完成此活动的主动性，也复习了生字，让书写更美观。

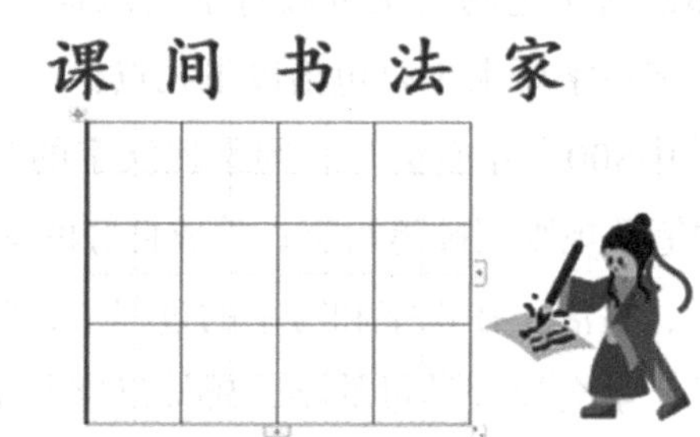

四、环境布置

将学生在课下完成的“课间书法家”字帖张贴在班级的后墙上（见下页图），一个月后进行统一塑封，装订成册。

通过这些多样化的教学方法，一年级学生可以在不同情境中多次接触和练习汉字，从而加深记忆，提高识字写字的能力。

《田忌赛马》成语故事中的阅读探索

北京市通州区荣海小学　张梦瑶

在执教一年级语文的过程中，我发现了一个有趣的现象。孩子们对于成语故事的热爱，不仅丰富了他们的词汇量，也提高了他们的阅读理解能力。本文将简述我如何引导一年级学生阅读《田忌赛马》这个成语故事，并从中探索出教育的新思路。

一、接触成语故事的意义

对于一年级学生来说，阅读成语故事不仅可以提高语言表达能力，还能培养良好的道德品质和思维能力。接触成语故事有助于拓宽学生的知识面，提高学生的阅读理解能力，为今后的学习打下坚实的基础。

《田忌赛马》是一个流传已久的成语故事，讲述了战国时期齐国大将田忌与齐威王赛马的故事。田忌按照孙膑的建议，改变了马匹的出场顺序，从而转败为胜。这个故事传达了灵活应对、策略调整的智慧，其中内在逻辑与反思过程，给了读者很大的思考空间。

二、阅读环节的设计与实施

（一）确定阅读材料

选择适合一年级学生的成语故事书，如《成语故事精选》《田忌赛马》《猴王出世》等。我带领学生逐字逐句地阅读《田忌赛马》，借助插图让他们了解故事的大致情节，引导学生理解故事中蕴含的智慧，激发他们对成语故事的兴趣。

（二）制订阅读计划

安排每周一次的成语故事阅读时间，鼓励学生自主阅读，培养阅读习惯。

（三）指导阅读方法

教授学生如何快速浏览故事，理解故事大意；指导学生通过反复诵读、角色扮演等方式加深对成语的理解。通过前面的学习，学生对成语故事有了更深的认识。我鼓励他们在日常生活中运用成语，如描述自己解决难题的过程、表达策略调整的重要性等。

（四）组织交流活动

定期组织学生开展成语故事分享会，鼓励学生用自己的语言讲述故事，增强口头表达能力。学生分组讨论故事的主题，积极发言，分享各自的理解和感悟。

为了让孩子们更好地理解故事中的策略运用，我组织了一场角色扮演活动。学生自己选择扮演田忌、齐威王或孙膑，模拟赛马场景。他们表现出色，展示了对故事的理解和表达能力。活动结束后，我组织学生进行反思，回顾他们在学习过程中的收获和不足；引导他们总结经验，为今后的学习提供参考。

三、在探索中成长

回顾本次教育叙事，我认为在实施过程中，我成功地引导了一年级学生阅读《田忌赛马》这个成语故事，并激发了他们对成语故事的热爱。通过小组讨论、角色扮演等活动，学生深入理解了故事的主题，学会了应用成语。在成语故事阅读的过程中，学生表现出浓厚的兴趣，逐渐感受到成语的魅力。他们通过自己的方式理解故事，不断尝试用自己的语言表达成语的含义。有些学生甚至开始尝试创作简单的成语故事，这激发了他们的想象力和创造力。

经过一段时间的成语故事阅读，学生在语言表达、阅读理解、道德品质等方面取得了显著的进步。他们不仅学会了更多的成语，还能灵活运用，提高了写作水平。同时，学生在交流活动中学会了倾听与分享，增进了友谊。

然而，在实施过程中，我也发现了一些不足，如个别学生参与度不高、对成语的理解不够深入等。为了改进这些问题，我将在今后的教学中更加关注个别学生，采用多种教学方法，提高他们的参与度。同时，我会加强学生对成语的解读和运用，让他们在实践中加深对成语的理解和掌握。此外，应定期对学生的学习成果进行评估，以便及时调整教学策略，更好地满足学生的学习需求。

成语故事阅读为学生提供了一个丰富多彩的语文学习平台。在探索过程中，学生不仅学到了知识，还锻炼了各种能力。通过不断尝试、创新，他们逐渐发现了自己的潜能，为今后的学习生涯奠定了坚实的基础。作为教师，我将继续关注学生的成长，为学生提供更多的支持和帮助，与学生共同迈向美好的未来。通过本次教育叙事，我深刻认识到教育不仅仅是传授知识，更是激发学生的学习热情，培养他们的思考能力和表达能力。在今后的教学中，我将继续探索更多有趣的教学方式，让孩子们在快乐中学习，成长为有智慧和素养的公民。

建构想象画面，培养想象能力

——以阅读课《小真的长头发》为例

北京市通州区台湖学校　常帅

阅读是学生学习过程中不可或缺的一部分，它不仅让学生掌握知识、提高语言能力，还有助于激发学生的想象力和创造力。想象在阅读教学中发挥着非常重要的作用，它能够给学生带来更加丰富的阅读体验，激发学生的学习兴趣，培养学生的创造力和思维能力。

爱因斯坦说过：想象力比知识更重要。生命的丰盈离不开想象力的参与，而想象力的发展离不开阅读的滋养。《义务教育语文课程标准（2022年版）》明确指出：要重视培养学生广泛的阅读兴趣，扩大阅读面，增加阅读量，提高阅读品位。提倡少做题，多读书，好读书，读好书，读整本的书。培养孩子的阅读兴趣，培养孩子的想象力，在识字不多的小学低年级时，绘本是培养孩子语文能力最好的载体。

《小真的长头发》是一本充满童趣、有着天马行空般的想象力的绘本。绘本作家高楼方子用单色与彩色画面交替的方式串起现实与想象的不同场景。天马行空的想象和天真稚趣的问答，使整个故事充满了趣味。鲜艳明快的画面、妙趣横生的情节、智慧幽默的对白，带领我们走进一个美妙的童趣世界。

一、立足文本，展开想象

绘本故事以图讲故事，只配以简单的文字，留有广阔的想象空间。在教学《小真的长头发》一课时，我先出示封面，让孩子们猜测高楼方子把这个图形想象成了什么，以及绘本的名字，再猜三个小女孩里面到底谁是小真。这个导入就给了孩子们想象的空间。有几个孩子说得很好，如：我觉得会是戴蝴蝶花的小女孩，因为她的头发很漂亮；可能是中间那个短头发的，因为我觉得她跟封面上的小女孩长得一样。后出示文字：结合文字印证自己的猜想。

进入故事情节后，我引导学生猜测小真的长头发能做哪些事，进一步激发学生的阅读兴趣。适时出示四张插图，引导学生结合生活实际细致观察、想象画面。在回答问题时，孩子们回答得很好，表达能力也不错，我也尽量做到让每一个孩子都能有机会说。

二、循序渐进，猜想情节

一个好的故事绝不会平铺直叙，作者会巧妙地设置各种悬念，让故事一波三折，吸引读者饶有兴致地阅读下去。在阅读《小真的长头发》时，当和孩子们读到小真的长头发是如此神奇时，我抛出了问题：小真有这么长的头发，你们羡慕吗？她会不会有什么苦恼的事情？由此引导孩子们猜想各种可能性，促进他们想象力的提升。孩子们立刻联系到了生活实际，给出了他们的答案：不方便洗头、不方便梳头、走路会拖地，等等。由此让孩子们课下继续阅读该绘本，从中获取答案，印证自己的猜想。

三、深度思考，深化想象

小学生在低年级的时候，对新鲜事物都保持着较强的好奇心和求知欲，因此，小学阶段是孩子们想象力最丰富的时候，在进行绘本教学的过程中，教师要积极利用学生的这一特点，引导学生进行深度思考，深化想象力的培养。

在故事进展到高潮部分时，我提出问题：如果你也有像小真那样长长的头发，你会用它去做什么？一开始，有些小朋友不知所措，在我示范回答后，小朋友们的奇思妙想就出来了，如：我可以用我的长头发去摘树上的柿子；我可以用我的长头发去抓坏人，把他给绑上；我拿我的长头发当滑梯，让我们班的小朋友都从我的头发上滑下去……在启发想象时，我还让学生关注作者的写法，让学生的想象有法可依。在课堂教学过程中，我引导学生抓住“垂、嗖的一下、甩、套住、用劲拉、卷、绷紧、拉”等词语，体会关键词句在表情达意方面的作用，进而指导学生学习习作要素，做到真正的读写结合。接着，我请孩子们把自己奇妙的想法写下来，并且配上相应的画，制作属于自己的《小真的长头发》绘本。于是，一幅幅妙趣横生的想象作品就诞生了。所以，我们在课堂教学中，要找到这样的空白点，给予时间让孩子们充分想象，从孩子们脑海里飞出的故事，定能让我们的耳朵愉快地歌唱起来。

想象可以让学生在阅读中产生更加丰富的体验，当学生能够把自己融入作者描述的场景之中时，就会有一种身临其境的感觉，这样会让学生的阅读体验更加丰富和深刻，也更容易让学生产生共鸣。低年级学生正处于想象力培养的关键时期，绘本阅读是培养想象力的有效途径之一，应适时地开展绘本阅读课，把大量经典的绘本作品送到孩子们手里，把一些培养想象力的办法渗透给孩子们，从而激发他们对于阅读的兴趣和热爱。

落实新课标　上好语文课

北京市通州区台湖学校　刘金

百年大计，教育为本。作为教育工作者的我们肩负着培养德智体美劳全面发展的社会主义建设者和接班人的重大使命。2022年9月，新课程标准正式实施，语文学科的地位可谓是“扶摇直上”，社会面不禁发出“得语文者得天下”的呼号。那么如今，在“双减”大背景以及新课标落实并轨的时代，我们又该如何在自己的课堂教学中落实这一理念，发挥新课标的“风向标”作用，将“双减”背景下的提质增效落到实处，将学科育人的作用发挥出来呢？

首先，在新课标的指引及“双减”背景下，课堂教学目标要更新。我们不能一味守着教参设定的教学目标原封不动地照搬照抄，更不能全盘依托网络资源誊写目标。我们要根据新课标对各学段课程目标的指引，将教材内容进行横向和纵向的对比，结合学情、教学实际情况设定符合自己学生的教学目标，杜绝为了完成教学任务而设定形而上、假而空的教学目标。如新课标中对学生“复述”提出了具体要求：二年级要求借助提示进行复述，三年级要求用方法复述，四年级要求提取主要内容进行复述，五年级要求创造性复述。那么，如果我的任课年级是二年级，我们在进行“复述”训练时，就不能设定学生用恰当的方法进行复述这样的目标，不能揠苗助长“拔高”教学；再如，从“单元要素+课后题+文本特点”出发，设计教学目标。阅读单元的各组成模块之间存在横向的密切联系，导语是让本单元的单元目标更加明晰，课文是为了落实指导，交流平台是将所学知识进行梳理提炼，词句段运用和习作是为了保障语文学科工具性的发挥。只有我们明晰每个模块的作用，才能设定合理的课程目标、任务目标，继而细化到每堂课，将课堂目标落到实处。

其次，在新课标的指引及“双减”背景下，课堂教学环节要创新。古罗马诗人贺拉斯在《诗艺》中提出“寓教于乐”一词，著名教育心理学家让·皮亚杰在《儿童智慧的起源》中首次提出了“玩中学、学中玩”的概念，爱因斯坦也曾说“兴趣是最好的老师”。可是反观我们如今的课堂，要么是为了营造看似热烈的课堂氛围随意设问搞假互动、随便依托网络课件搞假辅助、随机划分小组搞假合作和假探究、任意创设假情境，要么是程式化的教学模式、固化的教学形式、千篇一律的教学环节……如此这般，如何给孩子们打造真正的互动式课堂、游戏式课堂，寓教于乐？我们只有以学习为出发点，根据学生的年龄特点和认知规律，以语文学习任务群相互关联且螺旋上升的三个层面的系列学习任务为依托，在教学环节的设计上深挖教材，别出心裁，丰富教学流程、优化教学环节、关注学生特点、借助多媒体资源才能打造“玩中学、学中悟”的教学环境，真正做到以培养学生的核心素养发展为导向，让语文学科的人文性与工具性完美结合。

最后，在新课标的指引及“双减”背景下，课堂教学评价要刷新。新课标在各学科的“课堂教学评价建议”中，明确提出了教学评一体化要求，并予以细致指导。因而，以学业质量标准为核心，落实教学评一体化成为中小学校教学改革的重点，对我们一线教师也提出了新要求和新挑战。实际上，在新课标出台之前我们一线教师一直在尝试，但实施过程中存在诸多问题。如教学与评价“两张皮”；评价盲目随意，缺乏针对性；评价指标体系和评价形式单一，评价机制僵化；评价内容侧重知识，忽视情感、态度和价值观；等等。那么，新课标之下，我们究竟该评什么、如何评？

在新课标背景下，教学评价正从聚焦知识与技能的测试文化向聚焦学生核心素养发展的评价文化转型，从结果导向的评价范式向过程导向的评价范式转型，从重分数的评价向重学生全面发展的评价转型。新的评价理念倡导通过评价促进教师改进教学和促进学生学习进步，告别单一形式的由命题机构主导评价、教师和学生被动接受评价的历史，倡导每位教师都要全程参与到对学生学业表现和成绩评定的评价活动中来。

德国哲学家雅斯贝尔斯在《什么是教育》一书中指出：教育的本质就是一棵树摇动另一棵树，一朵云推动另一朵云，一个灵魂唤醒另一个灵魂。课堂教学活动只是教育者最常态化的知识传递，而立足学生核心素养发展，充分发挥语文课程育人的功能，才是我们所追求的终极目标。我们不仅要做指引学生对标前行的灯塔，更要做点亮学生人生之旅的人。道阻且长，行则将至，行而不辍，未来可期！

文言文教学方法

——以《守株待兔》为例

北京拔萃骏源学校 王蕊

《守株待兔》是学生进入三年级后学习的第二篇文言文，同时也是一篇趣味性较强的寓言故事。怎样才能结合文本特点，以儿童喜闻乐见的形式，唤醒学生主动学习的意识，撬动思维的深度发展呢？

依据儿童已有的学习经验，巧妙地运用多种方法以读促思、以思促悟，增情趣，添智慧，在层层推进中唤醒学生已有的知识经验，引领儿童在具体的情境体验中品味深思、交流碰撞、梳理总结，做到“言意”兼得。

一、以读促思，自悟自省提升学习力

文言文言简意赅、节奏鲜明、韵律动听，是特别适合朗读的语言材料。字音—意思—节奏—寓意—背诵，对这些环节教师不必去做生硬的要求，而要用不断的引导和问答，让学生自己习得。通过多种形式的朗读以及小组合作探究等方式，来提升学生学习文言文的能力，这样的方式能较好地促进学生学习力的提高。

二、注重关联，深入探究提升思考力

本文是学生继统编版小学《语文》三年级上册的《司马光》后接触到的第二篇文言文。综合两篇古文来看，教学的重点应放在初步感受文言文的特点、激发学习兴趣、巩固基础学法上。在教学中，无论是“借助注释、结合

插图、联系上下文”学习方法的温故知新，还是朗读时正确停顿的规律总结，都能在两篇文章中找到关联点。另外，教学“耕”与“耒”，以及拓展“走”的相关成语的含义，均能从课内或者课外的关联中引导学生深入思考，为以后学习文言文做好积累与铺垫。

三、注重对话，情境体验提升表达力

教学时，教师结合寓言的文本特点，启发学生通过角色扮演、情境体验总结出寓意，表达自己独特的看法。师生的对话演绎让学生不再是单纯的读者，而成为文本故事中的角色，学生的学习兴趣被迅速激活，能结合已有的知识经验表达出内心的真实想法。这样的方式，有效地化解了理解寓意的难点，更促进了学生表达能力的提升。

总之，本课的教学在层层递进的朗读训练中不断启发、唤醒学生，培养了他们的学习力、思考力、表达力，提升了学生的文学素养，也为学生以后自主学习文言文打下了基础。

小组合作为一年级语文阅读教学注入活力

北京景山学校通州分校　刘丽楠

在一年级语文教学中，积极引入小组合作学习模式，对于提升语文课堂阅读教学的质量和效果具有显著的作用。这种学习方法不仅能够激发学生的学习兴趣，还能培养学生的团队合作精神和各种综合能力。

一、小组分工锻炼学生表达和组织能力

在小组合作学习中，小组长的角色至关重要。通过学习小组的小组长轮流制，让学生学会合理分工，可以极大地锻炼他们的表达和组织能力。对于一年级的学生来说，这是一个不小的挑战，但也是一个充满成长机会的过程。

教师可以根据学生的性格特点和综合表现，辅助各小组挑选出有责任心、积极主动的学生担任小组长，给其他同学做示例。在开始阶段，教师要给予小组长明确的指导，比如告诉他们如何根据小组成员的特点分配任务、如何组织小组讨论、如何鼓励每个成员积极参与等。

二、小组合作学习人人都有思考、有收获

小组合作学习强调每个学生的参与和思考。在一年级的语文阅读课堂上，教师可以设计一些有趣的问题或任务，让学生以小组为单位进行讨论和解决。

在教学《小猴子下山》一课时，第1自然段，教师布置任务，带着学生学文，各种形式读文；第2—4自然段进行小组合作学习，由小组长分工，小组成员分别负责读文，画出小猴子看到了什么、做了什么，并补充路线图。在交流过程中，每个学生都有自己的任务，均有机会表达自己的想法，并倾听他人的想法。通过小组合作学习，每个学生都能在课堂上积极思考，不仅收获了知识，还培养了思考问题的能力和团队合作意识。

三、小组展示汇报锻炼学生的表现力

小组展示汇报是小组合作学习的重要环节，它能够充分锻炼学生的表现力。在一年级的语文课堂上，教师可以给予每个小组展示的机会，让他们将小组讨论的结果呈现给全班同学。为了在展示中表现出色，小组成员会共同努力，准备展示的内容和形式。在这个过程中，学生需要学会如何清晰地表达自己的观点，如何用生动的语言和动作吸引观众的注意力。对于一年级的学生来说，可能他们的表达还不够流畅，动作还不够自然，但这正是他们成长和进步的机会。通过一次次展示汇报，学生会逐渐克服紧张和胆怯，变得更加自信和大方。

总之，在一年级语文教学中，小组合作学习为语文课堂阅读教学注入了新的活力。通过小组分工，锻炼了学生的表达和组织能力；让组内学生参与思考，保证了每个学生都有收获；小组展示汇报则提升了学生的表现力。相信在实践和探索中，小组合作学习将在一年级语文阅读教学中发挥更大的作用，让学生在轻松愉快的氛围中爱上语文阅读，收获知识和成长。

一年级古诗教学初探

北京景山学校通州分校　洪扬

2025年5月，王莉老师给予了我参与区级研究课的机会，和教师分享古诗教学上的一点点想法。其实，在2月底接到王老师的通知，准备讲《小池》这课时，我的内心是充满忐忑的。因为入职十三年来，我一直担任中高年级，特别是高年级的语文教学工作。今年是第一次接触一年级学生，所以对于第一学段学情的了解、课程结构特点的把握几乎就是零经验。但也正是这样的压力让我更加期待这次和教育同人们的交流。

《小池》这节课经过反复试讲、修改设计，在王老师的精心指导下最终成形。过程虽艰辛，但也让我更加明晰了一年级语文教学的思路，总结起来就是小、巧、稳、实四个字。

"小"是指教学目标的设定切入口要小。在单元教学中，每个课时所承载的教学任务是不同的，那么目标就要清晰地呈现本课在单元中的地位及作用。《小池》是《古诗二首》中的第二首，因此在诵读和识字等常规目标基础上，我以图文结合的方式构建古诗描述的景象，以感受夏天的独特韵味和无穷乐趣为切入口，引导学生入诗境、感诗情。

"巧"指的是在情境创设中体现巧思。《小池》以"在池塘里找夏天"为核心教学情境，这一情境不仅从课堂伊始的课时任务设定中体现，更在深入学习古诗的过程中，以"诗中描写的哪些景物让你找到了夏天的感觉"这一核心问题为引领，引导学生深入探索。在课程结束时，通过延伸任务"继续在生活中寻找夏天的踪迹"，进一步鼓励学生将所学应用于生活。环环相扣、循序渐进地推动学生构建起一个融合性学习体验过程。

"稳"和"实"则主要体现在教学环节及内容的设计要适切于一年级学生的生长点。我想到一个不太成熟的比喻，倘若把学生小学六年的语文学习历程看作一棵树的成长，那么，只有第一学段夯实不辍、向下扎根，才能为第

二、三学段的茁壮成长积蓄足够的能量。因此，课堂中的诵读和识字依然是低年级古诗教学的两个重要支点。此外，在本课中，我注重使用学评联动的教学策略，即以评价为导向，促进学生的学习效能提升。将诵读和写字这两项表现性评价巧妙地嵌入学习活动之中，旨在为学生搭建一个完整的学习闭环，使其能够在评价中反思、在反思中进步。

古诗教学任重道远，让我们在探索的路上努力前行。

逆袭的轨迹：语文的启迪与蜕变

北京景山学校通州分校　李文鑫

在一年级的教室里，小赫如同春日里的一缕阳光，活泼且充满自信。他的笑声和话语总能轻易地点燃周围的气氛，让人无法忽视他的存在。然而，这份自信有时也让他在语文的田野上过于轻率地奔跑，忽略了脚下土地的坚实与深厚。他的基础知识如同未耕的田地，虽有着无限的潜力，却也因缺乏扎实耕耘而显得贫瘠。但正是这份未被充分发掘的潜力，吸引了我作为园丁的目光。我决心用我的耐心和智慧引导小赫重新审视这片土地，从基础开始，一步步脚踏实地向前迈进，让语文的种子在他的心田生根发芽，绽放出属于他的光彩。

一、激将法的巧妙运用

我深知，每个孩子都渴望被认可。于是，在一次课堂上，我温柔地对小赫说："小赫，你平时这么爱表达，发言时为何不能更加精准有力呢？我相信你心中有很多精彩的想法，只是需要学会如何有条理地组织语言，让它们更加动听。"这句话如同一缕轻风，既触动了小赫的心弦，也点燃了他的斗志。随后，我又巧妙地激励他："小赫，你常谈及自己的梦想，但你是否想过，若连基础的字词都不认识，文章都无法顺畅阅读，那些梦想又怎能触手可及呢？来，让我考考你，这个字你认识吗？"在我的挑战与期许中，小赫感受到了前所未有的紧迫感，开始正视语文学习的重要性。

二、写字的艺术与成就感

除了言语的鼓舞，我还通过写字为小赫搭建了一座通往语文殿堂的桥梁。我告诉他："每一笔、每一画都蕴含着情感，写字不仅是文字的堆砌，更是美的创造。若你能写出一手漂亮的字，不仅能赢得他人的赞赏，更能在书写的过程中体会到成就与满足。”在我的悉心指导下，小赫开始认真练习写字。从最初的稚嫩歪斜到后来的端正有力，他在写字的过程中逐渐找回了自信。每当看到他的作品被我表扬或展示给同学们时，他的心中都充满了无比的喜悦与自豪。

三、语文教学的创新实践

为了进一步激发小赫对语文的兴趣，我不断创新教学方法。我运用引人入胜的故事、丰富多样的多媒体资源以及互动性强的课堂活动，让语文课堂焕发出勃勃生机。小赫在这些新颖的教学方式中逐渐找到了学习的乐趣，他开始积极参与课堂讨论，勇于举手发言。同时，我还鼓励他广泛阅读课外书，拓宽视野，丰富知识底蕴。

随着时间的推移，小赫在语文学习上的进步显著，成绩突飞猛进。更重要的是，他深深地爱上了这门学科。他开始享受阅读带来的乐趣，热衷于用笔记录生活中的点滴感悟。小赫的逆袭之路充分展示了语文教育的魅力——不仅能够传授知识，更能启迪心灵，引领孩子走向更加辉煌的未来。

拓展与创编，体会想象之妙

——以《夜宿山寺》为例谈感悟诗人的想象魅力

北京市通州区荣海小学　毕昭

统编语文教材采取了双线编排的方式，即以宽泛的人文主题与清晰的语文要素组织单元。语文要素是统编语文教材的主要特点，它包括语文知识与能力、学习策略与习惯等多方面的内容。在课堂教学中，教师要仔细挖掘与发现文本中的语文要素，把握其特点，最大化地发挥语文教学的价值。下面主要以统编教材二年级上册第七单元《夜宿山寺》一课为例，谈谈语文要素中的想象之美如何在课堂教学中落实。

《夜宿山寺》是李白的名篇，全诗用夸张的手法、绝妙的想象，表达了诗人夜宿山寺、身临高处的独特感受。前两句从视觉上以夸张的手法烘托山寺的高耸入云，后两句从听觉上想象“山寺”与“天上人”相距之近，山寺之高也就不言自明了。本诗有两点值得关注：一是夸张手法的运用，本诗借用“百尺”极言山寺之高。其实，借用数字百、千、万表示事物之高、深，在李白的诗中很常见，这一用法要让学生了解。二是想象的运用，如摘星辰、惊天人……这些奇特的想象、美丽的画面，表现了诗人愉悦、豪放的情感。

这个单元的人文主题是“想象”，这个单元的语文要素是“展开想象，获得初步的情感体验”。本首古诗主要侧重于体现想象之美。基于此，在教学中我主要通过以下几个方面带领学生领略诗人夸张的手法和绝妙的想象。

一、把握诗眼，整体感知

把握住诗眼“危”。字理识字（[illegible]），上面是个人，下面是高山，人站在高山上，高不高！所以，在古代，“危”就是“高”的意思。这形象地使孩子们明白了“危”字在古今意思上的不同。在教学中紧紧围绕“高”来教学，

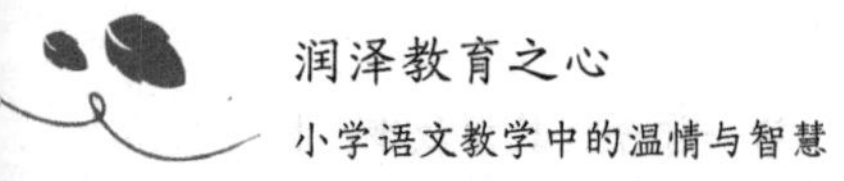

让学生感知诗人要表达什么，学生很容易就能发现诗人要表现楼的特点就是高。接着，让学生从诗中找出体现“高”的诗句，并一句一句品味、感悟。

高楼高耸入云，直插云霄，让诗人不由得感叹（生读：危楼高百尺。指导朗读）。在唐朝，普通老百姓住的是这样的平房或茅草屋（出示图片），通过对比，再看这就是李白登上的高楼（出示图片），再加上这么高的楼还矗立在一座高山上（画板书），如果你站在上面，你是什么感觉呢？引导学生感受诗人当时的心情。

二、拓展诗句，感悟夸张

在理解“危楼高百尺”一句时，我问：这里写的高百尺是真的有百尺吗？引出这是李白夸张的说法。接着，出示李白在《赠汪伦》中用“桃花潭水深千尺”表示潭水很深；在《望庐山瀑布》中用“飞流直下三千尺”写瀑布很长很长。

李白不开心的时候会夸张地说：“白发三千丈，缘愁似个长。”紧接着回到诗句，李白看到这样的高楼，会说“危楼高百尺”。帮助学生理解虚指与夸张的写法，让学生学有所得。

三、大胆想象，学习创编

先通过追问为什么“不敢高声语”从而引出“恐惊天上人”这句诗，通过对诗句的理解，再次感受到楼之高。接着，让孩子们猜猜天上的神仙都在干什么，打开孩子们想象的大门，并且指导他们读好这两句诗。最后，在图片的帮助下，让孩子们做一回小诗人，更深切地感受到想象的神奇。

如果直接让二年级上学期的学生创编“新古诗”，会有难度（试讲的时候尝试过，效果不理想，孩子们能说出四句表现高的句子，但是失去了古诗的特点，既像打油诗，又像童谣，形散神也散。我觉得这会失去古诗创编这一教学环节的意义）。但是，我发现孩子们的模仿能力不容小觑。所以，这节课的古诗创编环节，我没有完全撒开手让孩子们自行创作，而是让孩子们在一、三句的提示下，模仿李白大胆想象的方法，学着创编二、四句。首先改“星辰”为“月亮”等词，其次改“手可”，变为“抬腿”等词；最后提供充足的素材如“嫦娥”“玉兔”“牛郎织女”“七仙女”，由简到繁、由易到难，层层递进，孩子们自然有诗可作。于是，“恐惊嫦娥舞”“恐惊玉兔眠”“不忍扰相会”等优美的诗句从孩子们的笔尖流出，给了我大大的惊喜。教师富有引导性的语言打开了孩子们想象的大门，孩子们的诗句既符合古诗字数的要求，也紧扣“高”字展开，不会因为没有章法而形散神散，让优秀的诗句在孩子们的奇思妙想中诞生。

四、关联学习，有效巩固

在学习了《夜宿山寺》之后，我出示刘禹锡的《浪淘沙》，让学生自读，找出作者写了黄河的什么特点。学生很快发现，诗人写了黄河很长的特点。再让学生交流从哪里看出，学生从“九曲”“万里沙”“自天涯”“直上银河去”“牵牛织女家”发现，诗人句句在写黄河很长。接着，让学生自己对比发现这两首诗的相似之处。学生很快就发现这两首诗都运用了夸张和想象的写法。

五、有机交融，滚动推进

识字写字、诵读古诗、积累语言是低年级古诗教学的重要内容，但是这些内容不是孤立的、各自为政的，它们是在学习过程中有机融合、滚动推进，在联系中发展，在交融中提升的。我们要让学生在读中识字学词、在读中理解内容、在读中体验情感，总而言之，在读中将语文要素悄然落地。

因此，本课也同样重视生字教学，形式多样。特别是字理识字“宿”和“危”，形象地使孩子们明白了一个人在屋子里的床上睡觉，就是“宿”，而“危”字在古今意思上不同。

六、巧用板书，直观展示

在教学时，通过画板书的方法，让二年级的学生更直观地感受到山寺的高耸入云；通过画星星的位置，学生能够深刻理解“手可摘星辰”一句的诗意，夸张地写出了诗人一伸手就能摘到星星。所以在画板书的时候，让学生说，星星应该画在什么地方，才能让我们感受到仿佛一伸手就可以摘到星星。

学生是学习的主体，要想让学生获得对所学内容的深刻感受与体会，一定要让其真正经历学习的全过程。只有这样，语文要素才能得以落实；只有这样，学生才能真正有所收获。

《义务教育语文课程标准（2022年版）》指出：低中年级古诗教学，要顺应儿童爱读爱背、记忆力强的特点，只要求读读背背，学习生字，在理解上不提出要求。所以，教学本首诗时，运用“诵读悟情法”“情境感悟法”，借助多媒体课件、绘画来创设教学情境，让学生深入诵读、感悟古诗。学生的学法主要是在读、说、想、画等情趣盎然的学习活动中，轻松快乐的学习氛围中，学古诗、悟诗情。

整节课都徜徉在诗词的氛围中。在这一过程中，学生不仅品味了古诗语言的精美，而且丰富了自己的想象力，在想象过程中，感受到了古诗的美好意境，从而进一步提升了审美能力。

古诗是我国的文化瑰宝和古典文化的精髓。古诗中简练、生动、优美的语言，为读者勾勒出一幅幅优美的、意境深远的画面，使其在阅读之中感受美、理解美、想象美。因此，在小学语文古诗的教学活动中，教师必须充分把握古诗的美学功能，让学生在学习的过程中，品味精练的语言、理解优美的意境，提升自身的审美能力。

通过本节课的教学，我真切感受到了古诗所具有的较强的美育功能。这主要是因为：古诗精练、形象、优美的语言和脍炙人口的佳句中，不仅蕴含了自然界中的一草一木，隐藏着自然界中千姿百态的美，同时也包含了诗人丰富的情感。

因此，在今后的教学过程中，我会继续采用多种形式，带领学生感受韵律之美、体会语言之美、领悟意境之美、理解情怀之美，加强小学生美育工作，提升小学生的审美能力。

“诗”情画意的中国美

——小学古诗教学中的美育

北京市通州区台湖学校 常帅

古诗是中国古典文学艺术中的一枝奇葩，博大精深，瑰丽灿烂。千百年来，它以优美凝练的语言、生动新奇的想象、朗朗上口的韵律、动人心魄的情感，让我们难以忘怀。古诗的内容包罗万象，有的寓意深刻，有的富有哲理，有的寄情山水，有的充满画意……然而，由于古诗中所描写的景物、事件、人物与学生生活的年代相距甚远，学生不能理解古诗中所描绘的意境、表达的情感。作为语文教师，我们要通过多种方法让学生充分感受古诗的画面美、情感美、意境美。

那么，如何让学生在古诗教学的审美教育中陶冶情操呢?

一、引导学生赏析古诗的音律美

教师要在教学中鼓励学生从古诗中发现美，不能局限于教学生读音、释词、解句。课本中的古诗都是精选的，都有极其丰富的美的因素，教师要引导审美的主体——学生，提高眼力，有所发现。有经验的教师往往是在学生基本理解文本的基础上，采用读的方法，让学生在读的过程中加深理解，产生美感。

首先，可以让学生找出本诗的关键词。读关键词，能较容易把握诗的中心内容和领会诗人的情感。其次，让学生替换本诗的关键词。为了让学生对诗的妙处体会更深，有时让学生替换本诗的关键词，往往更能加深学生的印象。如在教学《琵琶行》这首诗时，首先教读——体味诗的音乐美，即读出诗的节奏来。教师示范后，全班同学轻读，感受节奏停顿。为了表达思想感情，有些词语的“音”要读得重些，就是要把重音读出来。教师先范读，学生再自由朗读全文。最后，还要把诗的韵脚读好。诗是讲究押韵的，学生齐读诗歌，感受诗的韵脚。

二、引导学生通过还原古诗的画面来领悟其美感

我国很多古诗可以说是“诗中有画”，一首诗就是一幅色彩鲜明、动静相宜的图画。因此，在古诗教学中，教师要善于引导学生在反复诵读的基础上初步感知、体会古典诗词的画面美。如《江雪》的作者以极其洗练的文笔，勾画出一幅渔翁寒江垂钓图，我们应引导学生体味作者如何把“江”“雪”与“渔翁”有机联系在一起，动静相衬，虚实结合，使整个画面浑然一体。初读诗词，学生可凭语感觉察诗词中所表达的主要情绪，通过字面所提供的物象在头脑中初步形成表象，但这一表象是单调的。教师可引导学生利用联想及想象，在简单的画面上添加元素，从单线条到多线条，从黑白到彩色，从简到繁，使之成为波澜壮阔的画卷，诗词的境界在无形之中就被扩大了。

三、在想象中感知诗文的形象美

小学语文教材中的很多古诗都是对某一个或多个形象的描绘，这些形象大多生动、丰满，而且和人们的生活有千丝万缕的联系。因此，在实际教学中，教师可引导学生充分发挥想象力，感知古诗描绘的形象，并用自己的语言说一说这一形象的特点，从而深切感知诗文中的形象美，发展自己的想象力。比如小学语文教材中的《回乡偶书》一诗，借助简练的语言，把一个远离家乡多年的游子形象传神地描绘出来，用词精准。在具体教学中，教师一边引导学生从诗文中找出描写游子形象的句子，一边激励学生发挥想象力将其更清晰地印刻在脑海里，甚至可以鼓励学生用绘画的形式将古诗中塑造的人物形象直观地画出来，以突出其“鬓毛衰”的样子，与文中的“少小离家”相对应，从而更能彰显作者离家时间之久。借助想象学习诗文的形式，与教师直白的讲解和灌输知识的形式相比，显得更生动、有趣，极易激发学生学习古诗文语言与内容的兴趣，有助于学生对古诗形象美的全面感知。

四、在视听中欣赏诗文的意境美

古诗的一个重要特点是字里行间蕴含着优美的意境，但对于小学生而言，通过单一的诵读形式体味与欣赏诗文中的意境美，还是有较大的难度。因此，在实际的古诗课堂教学中，借助多媒体设备为学生恰当地播放音乐、视频、文字、图片等信息，可以使学生对诗文有更多层次、更深刻的理解与感知，最终真切感知作者描绘的诗文意境，并获得一种美的享受。

比如小学语文教材中的《望洞庭》一诗就是“诗中有画，画中有诗”，属于意境优美的风景诗。为了在古诗课堂教学中高效渗透美育，在实际教学中，教师应通过引导学生学习诗文凝练的语言，清晰体会古诗蕴含的意境美，使学生感受到语言美的熏陶，并在“欣赏”诗文景色美的过程中感悟自然风光的和谐美。在具体课堂中，由于小学生感知能力有限，教师为了让学生深度感知古诗意境美，可用多媒体设备为学生播放比较应景的音乐、展示洞庭湖相关图片，从而使得学生在脑海中呈现水天一色、造型精致、淡雅和谐的洞庭湖景色，最终体会到缥缈、空灵的意境美。

生活中有美，教学中也有美。我们在教学实践中，要注意运用美学原理处理教材，根据古诗的具体内容和学生特点，设计出多种形式优化课堂教学，使古诗教学成为语文教学的有机组成部分。使学生的思想感情、审美理想与诗人产生共鸣，在共鸣中体会诗中蕴含的各种形式的美，以提高学生审美能力，达到良好美育的目的。

小学语文读写结合的教学策略探究

——以《富饶的西沙群岛》为例

北京景山学校通州分校　李厚壮

习作教学是与阅读教学密切配合，在阅读教学中引导学生学习作者分析事物、遣词造句、连句成段、连段成篇的方法。因此，习作指导应落实在阅读教学上，培养学生的语言文字运用能力是阅读教学的追求。教师在教学实践中要挖掘有效的“写作训练点”，打通“读写结合”的路径，引导学生拓展思维、习得方法、有序表达。本文以统编版教材三年级上册《富饶的西沙群岛》一课读写结合教学为例，谈谈对“读中学写，读写结合”教学的思考。

一、解析要素，确立引文

教师进行教学时要有大单元意识，将单元作为一个整体进行要素分解，立足单元，以精准的教材解读助力学生的能力提升。《富饶的西沙群岛》是统编版教材三年级上册第六单元的第一篇精读课文。第六单元的语文要素是“借助关键语句理解一段话的意思”。《富饶的西沙群岛》在文中以泡泡语的形式提示学生关注关键语句。“语文园地六”中的“交流平台”明示了“阅读时可以借助关键语句理解一段话的意思，习作时可以学着这样写”，“词句段运用”安排了“围绕一个意思说一段话”的练习。这是“借助关键语句理解一段话的意思”这一阅读方法在习作中的运用，遵循了学生认知、学习的发展规律。教师教学时应以教材为基石，让语文学习更加连贯。

《富饶的西沙群岛》课后习题安排有“小练笔：从下面的图中选择一幅，写几句话”。教师在教学中紧扣“借助关键语句理解一段话的意思”这一要素的习得，加强阅读方法的迁移与运用，形成主题化的活动，将阅读教学与写作训练紧密关联，进行口头与书面的表达训练，以读促写，并以此作为范本教学的基点。

二、聚焦表达，“读”中悟法

著名特级教师薛法根曾说：语文课的教学价值就是使学生获得言语的智慧——简单地说，就是获得表达的方法与艺术。因此，我们应重视学生在语文课中阅读能力的培养，在阅读中习得方法，为以后的写作铺路。

《富饶的西沙群岛》第5自然段通过泡泡语的形式提示学生这一段是围绕关键语句在写。这个自然段对教而言是落实“借助关键语句理解一段话的意思”的语例，对学而言是解决如何“借助关键语句理解一段话的意思”的范本。

第一步：读一读整段话，想一想每句话在写什么。教师根据学生的回答进行展示、梳理。

第二步：思考“一片片树林，遍地都是鸟蛋，一层厚厚的鸟粪”是围绕哪个句子写的。这个任务使学生明白第一句话就是关键句，后面的三句话都是围绕第一句话写的。

第三步：在课文中画出关键句，读一读，思考作者是如何把这个意思表达清楚的。引导学生在关注具体事物的同时也关注“茂密”“各种”“遍地”“厚厚的”等词语。在一次次的朗读中习得“围绕一个意思写”的方法，并在一次次朗读中明白这些词语使事物更加具体、生动，实现词汇量的积累。

学生在阅读典型语段中初步习得了表达方法，有利于学生掌握学习规律，实现能力迁移。学生通过《富饶的西沙群岛》第5自然段初步习得方法后，先读一读第4自然段，通过展示、梳理，再次落实要素。教师以思促读：“这些句子都在告诉我们什么呢？”引导学生找出这一自然段的关键句，学生通过自己的朗读体会出鱼多、鱼美。

三、言语训练，积蓄力量

教师在阅读教学中要积极营造语境，适时进行语言训练，为学生创设“说”的空间，采用“说”的形式来训练学生的表达能力，锻炼思维的灵活性。

“说清楚”是“写清楚”第一步要做的工作。任务化的言语训练指向高阶思维的培养。教师出示课后习题第三题小练笔的四幅图，请学生选择自己喜欢的一幅图，说说喜欢的理由。在学生说理由的时候，可提炼“围绕一个意思写”的要素。

教师在引导学生运用关键句对四幅图展开联想时，应适时布置小组学习任务：选择你喜欢的图继续观察，围绕关键句展开联想。比如，“小黄鱼们在玩什么游戏呢？”“海鸟们是如何自由飞翔的？仔细观察，选择你喜欢的海鸟说一说。”“海龟有时候会做什么呢？”“小丑鱼们在说什么呢？”等。教师可鼓励学生采用个体思考、小组讨论等方式，在不同层级的言语训练中，感受语言的丰富，提升语言实践能力。在学生讲的过程中，教师应及时进行表达方法的指导，建议学生用上“有的……有的……还有的……”这样的句式，也可以用上“有时候……有时候……还有时候……”这样的句式，让这些语言训练点成为培养学生思维能力的载体。

教师要积极鼓励学生“说清楚”，设置训练的梯度，设计行之有效的课堂活动，先为“写”积蓄力量，再搭建平台，指导学生“写清楚”，在写中实现要素的落实。

阅读教学其实就是教师在课堂教学中引导学生发现“例子”、探究“例子”，以“例子”为练笔的切入点，由读到写，以写促读。作为语文教师，我们要用好统编版教材，善于发现教材中具有独特性表达的语段，并将体现这种独特性表达的语段作为教学中的“例子”，挖掘“语言训练点”，以语言实践活动为桥梁，从读写结合到读写有效，提升学生的语文核心素养。

拼音教学：多形式以声促学的探索与实践

北京景山学校通州分校　李文鑫

在小学教育的启蒙阶段，拼音教学作为语文学习的基础，扮演着至关重要的角色。它不仅帮助学生掌握正确的发音，还为后续的识字、阅读、写作打下坚实的基础。然而，对于刚踏入校门的一年级学生来说，拼音学习往往显得抽象且枯燥。因此，采用多样化的教学方法，以声音为媒介，激发学生的学习兴趣，成为提升拼音教学效果的关键。本文探讨了几种有效的拼音教学策略，旨在通过“以声促学”，让拼音学习变得生动有趣。

一、游戏化学习：寓教于乐

拼音接龙：将班级学生按照座位分成“火车小组”，每组轮流开“火车”，“火车头”说声母或者韵母，后面的“火车节”说音节。

拼音卡片配对：制作声母、韵母卡片，让学生通过听音辨形的方式找到匹配的卡片并组成正确的拼音，既锻炼了听力，又增强了动手能力。

二、情境模拟：生活化教学

拼音小剧场：选取学生熟悉的童话故事或日常生活场景，让学生用拼音标注角色对话，然后分角色朗读或表演，使拼音学习融入生活情境，加深记忆。

拼音超市：在班级一角设立“拼音超市”，商品名称用拼音标注，学生扮演顾客和售货员，通过购物对话练习拼音应用，增强实际运用能力。

三、多媒体辅助：视听结合

拼音动画：利用网络资源，选取或制作拼音教学动画，通过生动的动画形象和标准的发音示范，吸引学生的注意力，提高学习效率。

音乐律动：创作或选用含有拼音元素的儿歌、童谣，让学生在跟唱、舞蹈中自然而然地掌握拼音的发音规律和节奏，实现“唱中学，动中学”。

四、亲子互动：家校共育

家庭拼音日记：鼓励家长与孩子一起记录每天的所见所闻，用拼音标注关键词，既促进了亲子关系，又让孩子在日常生活中不断复习和巩固拼音知识。

拼音故事时间：家长每晚睡前用拼音给孩子讲故事，或让孩子尝试自己拼读简单的拼音故事，既培养了阅读习惯，又增强了实际应用拼音的能力。

五、个性化辅导：因材施教

小组分层教学：根据学生的拼音掌握情况，将学生分为不同的小组，实施差异化教学，对拼音基础薄弱的学生给予更多关注和个别指导。

拼音“小老师”制度：选拔拼音掌握较好的学生担任“小老师”，帮助同学解决拼音难题，既增强了学生间的互助合作，也提升了“小老师”的自信心和责任感。

总之，小学一年级拼音教学应充分利用声音的魅力，通过游戏化学习、情境模拟、多媒体辅助、亲子互动及个性化辅导等多种形式，激发学生的学习兴趣，促进其主动学习，让拼音学习成为一段快乐而富有成效的旅程。在这个过程中，教师不仅是知识的传授者，更是学生探索拼音世界的引路人，共同构建一个充满乐趣和成就感的学习环境。

如何在语文教学中提高学生的朗读能力

——以二年级《田家四季歌》为例

北京市通州区荣海小学　朱墨桐

《义务教育语文课程标准（2022年版）》对二年级学生在朗读方面的要求如下。用普通话正确、流利、有感情地朗读课文：学生能够使用标准的普通话，清晰、准确地读出课文中的每个字、词和句子，并且能够根据课文的内容和情感表达的需要，恰当地运用语气、语调、语速等朗读技巧，使朗读具有一定的感染力和表现力。结合上下文和生活实际了解课文中词句的意思：学生能够在阅读课文的过程中，结合上下文和生活实际，理解课文中一些比较抽象、难以理解的词句的意思。这样可以帮助学生更好地理解课文的内容和含义，提高学生的阅读能力和理解能力。在阅读中积累词语：学生能够在阅读课文的过程中，积累一些常用的词语和成语，并且能够正确地理解和运用这些词语和成语。这样可以帮助学生扩大词汇量，提高语言表达能力和写作能力。

《田家四季歌》是一首充满生活气息的儿歌，描绘了农民在不同季节的劳动场景和生活情景。虽然本单元是识字单元，但是通过朗读这首儿歌，可以让学生感受到农民的辛勤劳动和对生活的热爱之情，同时也可以提高学生的朗读能力和语言表达能力。

一、激发学生的朗读兴趣

兴趣是最好的老师，要想让学生喜欢朗读，首先要激发他们的朗读兴趣。教师可以通过多种方式来激发学生的朗读兴趣。

（1）选择适合学生年龄和阅读水平的朗读材料，让学生感受到朗读的乐趣。如利用一年级的《四季》进行导入，可以激发他们的朗读兴趣。

（2）采用多种朗读形式。如个别朗读、小组朗读、全班朗读等，让学生在不同的朗读形式中体验到朗读的乐趣，体味朗读的美。

（3）开展朗读活动。如布置“课文我会读”的任务。

任务要求：小组合作，正确、流利地朗读课文，读出节奏和感情。可以分句朗读、齐读等。在小组内练习朗读，互相纠正读音和节奏。

时间：3分钟。

各小组进行朗读展示，评选出“最佳朗读小组”。进行小组合作、小组评比，让学生在竞争中体验到朗读的乐趣。

二、加强朗读指导

要想让学生提高朗读能力，教师必须加强朗读指导。教师可以通过以下方式来加强朗读指导。

（1）教给学生正确的朗读方法，包括正确的发音、语调、语速等。如“麦苗儿多嫩”“桑叶儿多肥”等儿化音的用法。

（2）让学生模仿优秀的朗读作品。如播放朗诵视频，给学生视觉和听觉的感受，让学生在模仿中提高朗读能力。

（3）对学生的朗读进行及时的评价和指导。可以采用师评、生生互评、小组合作评等形式，让学生在评价和指导中不断提高朗读能力。

三、培养学生的语感

语感是指对语言文字的感受能力。要想让学生提高朗读能力，必须培养学生的语感。教师可以通过以下方式来培养学生的语感。

（1）让学生多读优秀的文学作品，让学生在阅读中感受语言文字的魅力。

（2）让学生多听优秀的朗读作品，让学生在听中感受语言文字的魅力。

（3）让学生多仿写优秀的文学作品，让学生在写作中感受语言文字的魅力。

总之，在二年级语文教学中，提高学生的朗读能力是非常重要的。教师可以通过激发学生的朗读兴趣、加强朗读指导、培养学生的语感等方式来提高学生的朗读能力。

浅谈二年级语文《场景歌》的教学设计

北京市通州区荣海小学　杨光媚

在小学语文二年级上册第二单元识字课《场景歌》的教学设计中，通过课堂实践，我感悟出以下几点心得。

一、课堂评价的运用

课堂评价是教育过程中的一个重要环节，正面的评价能激励学生，提高他们的学习动力和参与度；学生可以了解自己的学习进度和成绩，从而更有针对性地进行学习；也可以帮助学生明确学习目标，指导他们朝着这些目标努力；还可以作为教师、学生之间沟通的桥梁，增进彼此的了解。

在小学课堂中，尤其是对于低年级学生的课堂，充分的评价要比一切的提示、教育都有作用。在我的课堂设计中，自始至终以“掌声”为评价方式，在学生读课文、词语或者是回答出意想不到的惊喜答案时，给予及时的鼓励。同学掌声的表扬能够引导学生发现别人的优点、认同别人，也让被评价的同学感受到同学之间的赞美。

二、课堂环节的设置

在此前课文的设计中，我先是让学生通读课文，总结出每个小节的场景图名称，然后找到每个场景图（小节）中描写的事物。

经过本校语文教研组的研讨，现在我将寻找每个小节中描写的事物设置为第一环节，再让学生根据黑板上的事物闭上眼睛进行整合想象，将每个小节中描写的四个事物放到一个画面里，接着我会展示课前画出的场景图（见下页图），最后让学生给场景图起名字。

这样的环节设置让学生通过想象将部分场景整合成一幅画面，使课文内容更加生动、好理解。

三、课后作业的布置

根据本课的教学设计和下节课所需素材，我布置了以下作业。

（1）读一读《场景歌》，找出描写的事物和量词。

（2）按照今天的场景图，画一画第3、第4小节的场景图。

四、课堂游戏环节的设计

在课堂中设计游戏环节是一种有效的教学策略，它能够提高学生的参与度。游戏通常能够吸引学生的注意力，让学生在轻松愉快的氛围中学习，有助于加深记忆，减轻学习压力；让学生在轻松的环境中学习，在成功完成任务后获得成就感，增强自信心，并在有限的时间内更高效地学习。

本节课的重点之一是要求学生知晓各种量词的使用方法，我将两张卡片取下来让孩子们贴在场景图上（或者是与板贴中的事物进行配对），此环节激起了学生的兴趣，让学生在课堂上“动”起来。

《暮江吟》教学反思

北京拔萃骏源学校　张怡

在本节课的教学过程中，我注重激发学生的学习兴趣，让学生在轻松愉快的氛围中感受古诗文的魅力。通过创设教学情境、分角色朗读、讨论等方式，引导学生深入体会诗文的意境，培养学生的文学素养。同时，我以大自然为切入点，让学生分享自己了解的大自然古诗文，从而拓宽学生视野，激发学生对生活、对大自然的热爱。在理解诗意的教学中，我注意到古诗语言精练、意蕴含蓄，因此要抓好关键词。第一，抓比较生疏的字词，如对古诗中“暮”“瑟”的字形和字义的理解；第二，抓古今意思不同的特殊词语，如对“可怜”的理解；第三，抓那些富于传神的关键性词语，如“一道残阳铺水中”的“铺”的巧妙之处。此外，引导学生通过做动作加深对动词的理解，如通过比较“照”和“射”，感受诗人在诗句中用词的准确性。

古诗的语言一般较为凝练与抽象，与学生的认知存在一定的距离。将“古诗”与“图像”相结合，再联系学生的生活实际，让学生边读边想象画面，在画面中感受古诗所描绘的具体形象，可以降低古诗学习的难度。学生出去旅游的时候，看到美丽的景色能够联想到写景诗，就达成了古诗学习的有效性。

在课堂实施过程中，我也遇到了一些问题。如在讨论环节，部分学生分享了自己对写景诗的感受，但还有部分学生参与度不高，课堂氛围不够活跃。针对这一问题，我计划在今后的教学中，更加关注学生的个体差异，鼓励每个学生积极参与讨论，提高课堂互动性。

此外，在问答环节，部分学生对诗文含义的理解不够深入，在诗意解释和情感表达问题中，不能落实答案。为了解决这一问题，我将在课后认真备课，根据学生的实际情况设计更有针对性的问题，并落实在课堂笔记中，以帮助学生更好地理解诗文。

最后，新课标强调以核心素养为导向，文化自信、语言运用、思维能力、审美创造是重要立足点。以往在教学中，对《暮江吟》的学习评价往往侧重于对诗歌背诵、字词解释等基础知识的考查，这种评价方式固然重要，但也要注重对学生审美鉴赏能力、思维能力的评价。在专家的点评和指导中，我深刻意识到了这一点，在接下来的古诗教学工作中，我会侧重设计诗句赏析、想象画面、体会情感等活动，考查学生对诗歌语言的理解和运用能力。如开展“诗眼寻踪”活动，聚焦诗眼，解析字词妙处，锻炼学生的语言分析和表达能力。还可以举办“对话诗人”情景模拟活动，让学生扮演诗人，结合诗歌创作背景，以第一人称视角编写古诗日记，阐述诗歌中对自然美景的赞美、对人生境遇的感慨等情感。语文实践课还会通过组织诗歌朗诵比赛、绘画创作等活动，引导学生收集诗歌、朗诵诗歌，评价学生的审美感知能力和创造能力，关注学生对诗歌语言的理解与运用、对诗歌所蕴含的自然之美与诗人情感的感悟，以及对中华优秀传统文化的传承与认同。

此次《暮江吟》的教学实践，让我深刻认识到，只有以新课标核心素养为指引，打破传统评价的局限，将语言品味、审美感知与文化传承有机融合，才能让古诗课堂焕发活力。

于细微处见神韵

——小学作文细节描写指导策略

北京市通州区台湖学校　周洋

小学作文教学不仅是教师工作的重点，也是难点。在全面施行素质教育的教学背景下，作文能力更是学生思维能力和逻辑组织能力的重要表现。因此，教师在开展写作教学时，要根据时代的要求有的放矢，注重写作的重点和难点，关注作文的细节描写，切实提升小学作文教学的有效性，让学生掌握写作的方法，提高写作能力和水平。

一、引导学生认真、细致地观察

教师在引导学生观察事物时，应该全面地进行观察，包括外表和内在，一些内在的东西无法从表面展现出来，这就需要长时间地进行研究。学生在学习中可以相互交流沟通，由于个人能力有限，通过交流可以相互学习，提升自己的能力。教师在教学中应多给学生提供这样的机会，引导学生观察、讨论某个事物，并且立足于不同的层面分析其特点。这样，不同的学生面对相同的事物，就能够提出不同的见解。还可以让学生将自己对事物的观察写到本子上，并且读出来，这有利于提升学生的写作能力。例如，有一位学生写作的题目是“门”，文章内容为：冬天来了，外面刮着大风。中午同学们在教室里写作业，但是门总被风吹开，闹得挨着门的同学无法认真写作业。如果将门插上，出去的同学较多，还需要开门。这样使得门开了关、关了开，同学们都很苦恼。第二天当我进入教室时，发现门框上多出了一块黑色的胶皮，其牢牢地巴在门框上，填补了门和门框之间的间隙，增加了摩擦力。很多同学在开门时都注意到了这块用钉子钉住的胶皮，现在不插门风也不会将门刮开，同学们也能够轻松地打开门，大家不用再为了开门关门而苦恼了。

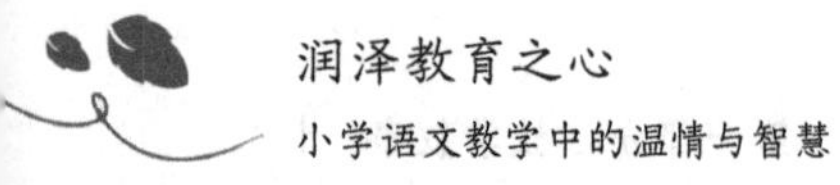

这位同学通过细节描写体现出了黑胶皮的作用，同时表达了大家对热心同学的赞扬，情景描写细致，体现出了作者的心境。

二、利用细节描写临摹人物，刻画人物性格

人物刻画及临摹是细节描写中的重要内容，通过细节描写近、细、真的特点，能够生动形象地展现人物，这是人物描写的作用。人物及景物方面有较多的描写方法，特别是对人物，如神态、外貌、心理及动作描写，均可以细致地刻画人物，体现其性格特点，加深读者的印象。肖像描写就是描写外貌，如表情、容貌；动作描写是动作及行为描写，体现人物的动感影像；语言描写是对话描写，即直接使用或间接转述主人公的话；心理描写是记录主角细微的内心变化，隐性体现人物性格变化或故事情节展开。例如，在学习《我的伯父鲁迅先生》时，教师可以带领学生侧重赏析文中的人物细节描写。教师课前给学生布置预习任务：搜集关于鲁迅先生的材料。同时给学生提出相关的问题，包括：鲁迅先生是什么样的人？都有哪些性格特点？从课文中哪些地方能够看出来？学生基于思考问题，加深对于文本的理解，可以发散其思维。通过语言描写，能够展现出鲁迅先生的谈笑风生及风趣幽默，塑造出一个富有人格魅力的知识分子形象。由此可见，通过有效的细节描写，能够刻画出人物形象。对人物描写的综合应用，可以促进情节发展，体现出人物的性格，丰富文章内容。教师在教学中须加强对学生人物细节描写的指导，并且进行相应的练习，创设生活情境，让学生身临其境地学习人物细节描写。语文学科和生活之间是紧密联系的，语文知识源于生活，学习语文知识就是要解决生活中的问题。作文是语文学习中不可或缺的一部分，和日常生活具有密切联系，学生可以从生活中积累写作的素材。

三、阅读文本细节，感受细节描写的价值

小学阶段教材中选录的文本都是经过精挑细选的，课文情节基本上都非常生动，在进行细节描写的时候把握人物的性格特点，能够进一步推动整个故事情节的发展。所以，教师在教学的时候，一定要注重对教材的分析，分

析课文中每一处的细节描写，让学生对文本的细节进行更好的了解和认识。教师有意识地在课堂教学中为学生渗透和落实细节描写的内容，才能在潜移默化中让学生深刻认识到细节描写的作用和价值，这样也有助于学生在今后的写作中注重对事物进行细节的刻画，从而提高自己的写作水平。例如，在学习统编版小学语文四年级下册的《小英雄雨来》（节选）时，文中就有多处细节描写的句子：晋察冀边区的北部有一条还乡河，河里长着很多芦苇。河边有个小村庄。芦花开的时候，远远望去，黄绿的芦苇上好像盖了一层厚厚的白雪。风一吹，鹅毛般的苇絮就飘飘悠悠地飞起来，把这几十家小房屋都罩在柔软的芦花里。因此，这村就叫芦花村。十二岁的雨来就是这村的。这一处就是对周边环境的自然描写，课文中还有对人物的动作和神态等方面的细节描写，在教学的时候，教师就可以带领学生针对这些细节之处进行分析研究，领悟这些细节描写对整个文本的意义。教师在课堂中如果能够注重对学生进行细节描写的指导，那么也能够在一定程度上让学生认识到细节描写在作文中的作用，体会细节描写的价值。教师在平时的课文教学中可以让学生自己搜集细节描写的片段，让学生自己分析这些细节描写对文本的作用，这样可以让学生对细节描写有一个更加深刻的印象和认识。这对进一步落实细节描写具有重要的意义。

四、注重日常积累，丰富细节描写的素材

在小学学习中，学生写作需要进行大量素材的积累，为了让学生能够更好地掌握细节描写的手法，必须让学生在平时注重积累各类素材。一方面，在进行课文知识学习的时候，可以让学生积累课文中一些优秀的句子或者词语。比如在进行教学的时候，教师可以让学生把那些给他们留下深刻印象的细节描写的内容整理、记录下来，让学生根据课文的描写进行一些仿写练习。这样也就把课本中关于细节描写的知识变成了自己的知识，将课本中的素材转化为了自己的素材，学生可以就此建立一个自己的素材库。另一方面，在学生进行课后阅读之后，教师应该培养学生记录读书笔记的习惯和意识。教师可以定期组织学生进行课外阅读活动，然后让学生在活动中分享自己喜欢

的课外读物或自己的读书心得，也可以让学生朗诵自己近期读到的一些好的片段。通过分享能够活跃整个课堂的氛围，让学生在互动交流中积累更多的素材，能够让学生学习到更多的语文知识，了解更多精彩的细节描写。这样可以有效地开拓学生的眼界，为学生进行细节描写准备充分的素材、奠定扎实的基础。

五、结束语

在小学语文作文教学中，细节描写有着重要的作用，但是目前学生细节描写的能力还不是特别突出，所以，教师必须探索更好地培养学生细节描写能力的方法。作为小学语文教师，平时一定要注重学生日常的积累，要能够为细节描写积累素材；另外，要落实好背诵训练，奠定一定的语言基础，同时引导学生观察、把握细节特征，通过不断积累，丰富学生的情感体验，让学生可以更好地完成细节描写。

二年级语文看图写话的实施案例与策略

北京市通州区荣海小学　杨光媚

本次看图写话选取的图片内容为“小猫钓鱼”。画面中有一条清澈的小河，河边绿草如茵，一只小猫坐在小板凳上，手持渔竿正在钓鱼，一旁的水桶里已经有几条小鱼了，天空中还有小鸟飞过，仿佛在观看小猫钓鱼。教学对象是二年级的学生，他们已经具备了一定的词汇基础，但在将画面转化为连贯、生动的文字表述方面还需要进一步指导。

我在课堂上展示“小猫钓鱼”的图片后，先引导学生按照从上到下的顺序观察图片，提问：“同学们，咱们先来看图片的最上面，你们看到了什么呀？”学生回答看到了天空和小鸟。接着，我又问：“那看完天空，咱们再往下看，又能看到什么呢？”就这样逐步引导学生有序观察到河边的小猫、草地、水桶以及河里等场景。通过这样的引导，让学生能够条理清晰地描述画面中的元素，避免遗漏和描述混乱的情况。

我进一步启发学生关注细节，比如问：“大家仔细看看小猫的样子，它的表情是什么样的呀？手里的渔竿是怎么拿着的呢？”学生仔细观察后，回答：小猫眼睛盯着河面，一脸专注的样子，手紧紧地握着渔竿。然后我又让学生观察水桶里的鱼、说说鱼的样子等。通过关注这些细节，为后面写出具体生动的内容做准备。

我引导学生想象图片之前发生的事，提问：“你们觉得小猫是怎么来到河边钓鱼的呀？是自己一个人来的，还是和小伙伴一起来的呢？”学生们开始积极思考，有的说小猫早上吃完早饭，就背着渔竿自己开开心心地来河边钓鱼了；有的说小猫是跟着猫妈妈一起来的，妈妈教它钓鱼呢。接着，我又问：“那接下来，小猫可能还会遇到什么事儿呢？”学生想象着小猫可能会钓到一条特别大的鱼，拉都拉不上来；或者一会儿来了小蝴蝶，想引小猫去玩，可小猫还是坚持钓鱼等。我让学生把这些想象出来的情节融入写话中，丰富写作内容。

我还引导学生联系自己的生活经历，说：“同学们，你们有没有钓过鱼呀？或者看到别人钓鱼的时候，你觉得钓鱼的人都是什么样的心情呢？”学生纷纷举手发言，有的说自己跟着爸爸去钓鱼，一开始等了好久都没钓到，心里可着急了；有的说看到别人钓到鱼的时候特别开心。然后我让学生把这些感受代入小猫心中，去描述小猫钓鱼时的心情等，让写话更有真情实感。

我在黑板上写出句式“小猫（时间）来到河边（地点），它（做什么），它（心情怎样）”，引导学生根据图片内容用这个句式先来说一说。学生就会说“小猫早上来到河边，它坐在小板凳上认真地钓鱼，它心里可期待能钓到好多的鱼”。通过这样简单的句式模板，能帮助学生快速地组织语言，把画面的关键内容表述出来，之后再慢慢拓展、丰富内容。

因为这幅图片内容相对较丰富，我会引导学生进行分段描述。比如第一段写河边的整体环境，第二段写小猫钓鱼的具体动作和样子，第三段写想象中小猫接下来可能发生的事或者自己对小猫钓鱼这件事的感受等。

学生完成看图写话后，我会认真批改每一篇作品，从语句通顺、内容完整、细节描写、词汇运用等多方面进行评价。比如对于一个学生写的“小猫在河边钓鱼，钓了几条鱼，后来就回家了”这样简单的内容，我的评语是：“你写出了小猫钓鱼这件事，很棒！不过要是能多写写小猫钓鱼时的样子，还有河边的景色就更好了，老师相信你可以写得更精彩呢。”并且在课堂上选取了几篇不同层次的作品进行展示和点评，让大家学习优点、改进不足。

第二部分　教育故事

静待彼岸　陌上花开

北京拔萃骏源学校　龚玉玲

带着对教育的虔诚，带着一个梦想，做一名真正热爱教育事业、处处为学生着想的教师，我感受到有一种发自内心的愉悦——一种幸福感，这种感受是在跟学生一起成长的过程中逐步生成的。

我喜欢把每个学生比作一个花园，每个学生的花园各具特色，每天都会有不同的色彩和变化：有时悄然孕育花苞，有时花开绚丽，有时又重新长出花骨朵……但是，多彩的花园里总有令人忧心的杂草。

一、不愿抬脚的蜗牛

“我不能走太快，蜗牛已经尽力爬，为何每次总是那么一点点……”每当读到这首诗歌时，我就会想起班里可爱的“小蜗牛”。

畅畅其实是个聪明的孩子，由于家庭教育环境不太好、自我控制能力欠缺，他把全部的心思用在了玩和调皮捣蛋上。他爱笑，就是把你气得想暴跳如雷时，他仍然笑嘻嘻地看着你，我最初给他的定义是——属于那种用爱心无法改变的人物。而且，最不可思议的是他的课堂表现，他的姿态不是趴着就是呆坐着，让他写几个字，他只是依葫芦画瓢，最多写五个，立马就趴下，看着他这个样子，我是气不打一处来。我每天都提醒他换个姿势，每天都盯着他多写几个字，并且从他所写的字中极力找出一个像样的字来，鼓励他下次再多写几个。然而，只要我一天不主动督促他一下、鼓励他一下，他就停滞不前了。我和他聊天时，他却说得头头是道，而且和其他同学还能相处得不错，他不是一个“无可救药”的孩子，我要试着去改变。

鼓励、督促、检查、鼓励、陪伴……一个月下来，他会默写十个字。一个人的力量是有限的，接着，我又想出一个策略：让班里的孩子也参与进来，轮流帮助他。但是，状况百出，他和大家耍起了小聪明，接下来，我只好又亲自上场了。再接下来呢，我又找了几个负责任的孩子上场。一个学期下来，大家都感到筋疲力尽，他认识的和会写的字仍然寥寥无几，课文背诵更是“稀里糊涂”。我和大家给了他足够的耐心和时间，一心想改变他，他还是仅仅“挪了几步”。尽管收效甚微，但是他还是让我看到了进步——上课不再睡觉了，也能慢慢多认识几个字了。

“让蜗牛往前爬，我在后面生闷气。咦？我闻到花香……”情不自禁地又轻轻地读起这段文字，我似乎有了更深的理解——学生需要一定的成长空间，每个学生都有自己的花期，只是开花的时间不同罢了！作为一名教师，能做的就是成为学生成长路上的陪伴者，慢慢地陪着他前行。

二、笨鸟再笨也是鸟

我刚在办公桌前坐下，班长就急匆匆地跑来告诉我，畅畅在课桌上刻了“笨鸟先飞”四个字，现在正用油彩上色，谁劝都不听。还说那四个字是我鼓励他努力上进的，他必须刻在桌子上。

冲进教室的时候，我马上意识到事情远远超出我的预料：看着已经被他刻得面目全非的课桌，看着鲜艳的“笨鸟先飞”四个字，我的心莫名地被刺痛了……

为了改变畅畅，我可谓是“软硬兼施”，然而效果甚微，他的改变并不明显。我尝试着用爱感化他，想把他引导到学习的路子上来，然而，一段时间下来，他依然如故，仍然写不成几个字、记不得一段文字。面对毫无希望的他，我感觉自己真是无能为力了，只好选择了暂时放弃。

就是昨天，天空中飘着毛毛细雨，我刚打开办公室的门，他忽地闪到我的面前。不知是汗水还是雨水的缘故，他的头发全湿了，满脸都是水，见到我的第一句话是问我现在有时间给他辅导吗，他似乎疏忽了当时我诧异不已的表情，紧接着告诉我，他早来了，清洁区已经扫完了。我一下想到了好几次见到和他一组的同学在清洁区无所事事的现象，询问他是不是每次都是他一个人打扫的，他不好意思地笑了。遗憾的是，我当时没来得及给他辅导，只是跟他说了几句话，鼓励他要“笨鸟先飞”，努力写好字、读好课文。

对于畅畅这类特殊的学生，我采用的多是及时肯定和表扬，满足他们的内心需求，以期产生进步的动力。其实他们每一天也在不断地努力着，也有渴望改变的优秀表现。就像畅畅，他单纯的刻字想法让我刹那间醒悟：笨鸟再笨也是鸟！我应该给予他更恰当的鼓励和赏识！

三、微微一笑很美好

在第一学期学习的道路上，我牵着这只“蜗牛”陪他散步，也没把他扭转得怎么样，他调皮的本事倒是日渐增长——更加喜欢玩，喜欢“惹是生非”，更是坐不住，上课更是让教师头疼，自己不学习，还要扰乱周围的一片学生难以静心学习。当我把他叫到面前时，他站在我的身边，笑嘻嘻地看着我，反倒让我觉得不好意思、不知所措，无可奈何之下，我大手一挥：走吧！他这个时候最听话，也小手一摆：老师，我走了。然后，兔子一般跑得无影无踪。有时我“大发雷霆”，他摆弄着衣角，一副“任你风吹雨打”的模样，无论怎样的教育方式，你“上有政策”，他“下有对策”。

然而，我不愿也不忍心让其“顺其自然”。那就继续坚持，改变策略，再次从一点一滴做起。

我们的交流就从赞美和认可开始：我有意无意地走近他，有事没事总让他帮我做些什么，为的是和他套近乎，拉近彼此的距离。一个星期以后，我发现他看我的眼神里明显有了几分信任，有时在课间，他偶尔会走到我的身边，好像是故意再问我一遍什么事情，我也总是微笑着回答他，并不忘及时说一句：你让我越来越喜欢你的进步了，真了不得呀！接下来，我鼓励他多参加班级活动，让他亲身体验学习生活的快乐与成功的喜悦，慢慢增强自信心。久而久之，他从中发现了自己的许多优点和学习中的趣味，学习兴趣骤然增加，他的学习活动由被动转为主动。几个星期下来，他的玩心明显减弱，而且特别喜欢课外读书，整个人有了明显的改变。我又和他共同制订了一个成长计划，每隔一段时间与他共同翻阅“成长档案”，取长补短，让他真切地感受到自己的进步，坚定其转化的信心。

功夫不负有心人。学校举行古诗诵读比赛，我给了他一次机会，他获得了第二名，同学们送来了热烈的掌声，他腼腆地笑了……

是呀，有的孩子表面上是状况百出，其实内心深处是渴望努力向上的，只要你为他加点儿劲，用心去鼓励，用心去启发，就能为他指出一条阳光明媚之路。

四、结语

每一株花最初都是草，每一棵草最后都会开出花，只是每种花有不同的花期，我们要拿得出耐心、经得起等待。我们的工作从来都是一份耐得住性子的坚守，犹如我们的生命一样，只要我们满怀希冀，他们就会开出花朵，尽管有的花朵不尽如人意，看起来并不赏心悦目。

“莫疑春归无觅处，静待花开会有时。”让我们心存梦想，用爱呵护，静待彼岸，陌上会花开灿烂的。

班级管理之课间安全教育

北京拔萃骏源学校　王蕊

班级管理中最重要的是学生的安全问题，这是一切教育的根本。而班级纪律是保证安全的前提，只有纪律好了，安全问题才会随之得到保障。前段时间，“学生的课间十分钟”冲上热搜，但是只有班主任知道其中的“苦”。每个课间都存在无数的安全隐患：学生有在楼道奔跑的，有在班级内追逐打闹的，还有在卫生间互相推搡的。我们何尝不想让学生度过每个快乐的课间十分钟，但总会担心他们在我们看不到的地方受伤。

这时候，我关注到了那些“游戏伙伴”。有一部分同学会选择在课间和好朋友玩翻花绳、象棋、五子棋等游戏，看到他们脸上满足的笑容，听到那如银铃般悦耳的欢笑声，我想，为什么不能动员大家都玩起来呢？为此，我召开了一次班会。在班会课上，我请这些“游戏伙伴”和大家分享他们的课间活动，并从益智、兴趣等方面对各组做了点评，肯定了这些游戏的价值，表扬他们懂得利用宝贵的课间十分钟，并且在每个课间都有所收获（如友情、知识等）。这里的夸奖要从肯定他们自身的行为出发，调动学生对自己行为的价值的感受："我知道如何高效利用时间，所以这样做"，而不是"我让老师高兴了，所以做"。那一刻，那些课间"赛跑"的学生眼神变了，充满了好奇与渴望。我趁热打铁，请这些学生说说自己喜欢的游戏，并鼓励他们找自己的伙伴玩起来。

从此，每个课间我们班都像小公园一样，充满孩子们的欢笑声和来自同伴的赞赏声，而我也得到了精神的放松和自由。

无论哪一种教育方法和带班方式都需要时间的检验。我们要带着耐心去教育学生、磨砺自己。同时，在发现某种方法不适合本班的学生后，要及时修正，有解决问题的恒心。作为班主任，我们可以"大言不惭"地说自己是学生的半个家长，因为对待学生我们充满了关心。我们的耐心、恒心、关心助力学生成长，而他们的进步使班主任工作充满价值，得到任何职业都难以企及的满足感。

萤火微光，愿为其芒

北京拔萃骏源学校　张晨晖

萤火，小小一粒，微光照映。身为一名小学语文教师，我愿化作一点萤火，尽我所能照亮学生的阅读之路。在我教的班级里，有一个叫小毅的学生。他是一个聪明且有些内向的孩子，在课堂上总是不太积极参与讨论。我注意到他对阅读似乎没有太大的兴趣，于是我决定采取一些措施来激发他的阅读热情。

有一天，我在课堂上分享了一本精彩的童话故事书，讲述了一个小男孩勇敢的冒险经历。我注意到小毅听得很入神，眼中闪烁着好奇的光芒。课后，我特意找到他，将那本童话书递给他，并鼓励他在课余时间读一读。

几天后，小毅主动找到我，分享了他对这本书的喜爱。他告诉我，他被故事中的情节和角色深深吸引，甚至在晚上睡觉前还会回味其中的情节。我感到非常欣慰，于是我建议他尝试写一篇读后感，把自己的想法和感受写下来。

小毅认真地完成了读后感，虽然文字还略显稚嫩，但他的真情实感跃然纸上。我在班级中表扬了他的努力，并将他的作品展示给其他同学看。这让小毅感到非常自豪，也激发了他对阅读和写作的更大兴趣。

为了进一步鼓励小毅和其他学生，我在班级里设立了一个图书角，收集了各种适合小学生的书。每隔一段时间，我们会举行一次读书分享会，让学生有机会展示自己读过的书，并分享他们的收获和体会。

随着时间的推移，小毅变得越来越自信和开朗。他开始主动参与课堂讨论，并且他的阅读和写作能力也有了显著的提高。不仅如此，其他学生也受到他的影响，对阅读产生了更浓厚的兴趣。在一次班级优秀习作评选中，小毅凭借他丰富的想象力和生动的文字，获得了同学们的一致好评。他站在讲台上领取奖状时，眼中充满了自信和喜悦。那一刻，我看到了阅读对他的成长所产生的积极影响，也深刻体会到了作为一名语文教师的责任感和成就感。

通过这个故事，我明白了阅读对于孩子们的成长是多么重要。它不仅能够提高他们的语文能力，更能够培养他们的思维能力、想象力和情感表达能力。

这就是我的读书育人故事，它让我坚信，每一个孩子都有潜力通过阅读开启知识的大门，走向更加美好的未来。萤火微光，愿为其芒，我将继续致力于引导学生热爱阅读，让他们在书的世界中绽放光芒。

《三字经》趣谈

北京景山学校通州分校　洪扬

阳光和煦的午后，一年级的教室里充满了孩子们清脆的笑声。我站在讲台前，手中捧着那本虽已泛黄却充满智慧的《三字经》。

“孩子们，今天我们要学习一本非常特别的书——《三字经》。”我轻轻翻开书页，温柔地介绍着。孩子们好奇地盯着我手中的书，有的瞪大了眼睛，有的张着小嘴，仿佛在期待着什么。我开始逐句朗读：“人之初，性本善。性相近，习相远。”我的声音轻柔而有力，每个字都仿佛带着魔力，吸引着孩子们的注意力。他们跟随着我的节奏，摇头晃脑地模仿着。接着，我详细解释了这几句话的含义。我用生活中的例子，告诉孩子们什么是善良、什么是习性。我告诉他们，每个人都有一颗善良的心，但随着时间的推移和环境的改变，我们的行为和习惯会发生变化。孩子们听得津津有味，有的还若有所思地点点头。

为了更好地帮助孩子们理解《三字经》，我设计了一个有趣的互动环节。我将《三字经》中的句子拆分成一个个字卡，邀请孩子们上台来参与组合句子的游戏。孩子们跃跃欲试，纷纷举手表示想要参加。我选中了几位同学，他们兴奋地走上台来。我告诉他们游戏的规则，然后让他们开始组合字卡。孩子们小心翼翼地拿起字卡，认真地思考着每个字的位置。有时他们会争论一下，但很快又能达成一致。不一会儿，他们就将所有的句子都组合好了。“哇，你们真棒！”我由衷地赞叹道。孩子们得意地笑了，他们为自己的成果感到自豪。游戏结束后，我鼓励孩子们分享他们对《三字经》的理解和感受。有的孩子说：“我知道了我们要善良待人，不能欺负别人。”有的孩子说：“我明白了每个人都有自己的特点，我们要学会包容和理解。”听到孩子们真挚的话语，我深感欣慰。

最后，我布置了一个家庭作业，让孩子们回家后和爸爸妈妈一起朗读

《三字经》，并分享今天学到的知识和感受。我告诉他们，这是一个增进亲子关系的好机会，也是巩固所学知识的好方法。

我相信，通过这次的《三字经》教学，孩子们不仅学到了知识，更学会了如何成为一个善良、有智慧的人。而我，也在这个过程中感受到了教育的魅力和意义。

静待花开，以爱润心

北京景山学校通州分校　李厚壮

教育应该是一种充满爱的过程。只有在爱的氛围中，学生才能够感到被尊重和被接纳。无论是优等生还是后进生，都渴望得到教师给的一片阳光，这样他们才可以在这片阳光下更好地成长、更健康地成长。

一、关注是教育的底色

在我的语文课上，小梦是一个“小哭包”，每次写字的时候都会因为写不完而耷拉着脑袋，大颗大颗的眼泪掉在桌上，浸湿了本子。面对这样的情况，一开始我还是用跟其他学生一样的方式一味地去要求她，但是发现收效甚微。

后来，我开始转变策略，先了解小梦在家的学习状态。通过和家长多次沟通了解到，小梦是一个非常认真的孩子，但是不会复习在学校学习的内容，在上一年级之前也没有任何的阅读基础，所以才会出现现在这样的情况。

于是，我开始想办法。我把小梦领到办公室，问她：“你是因为不会写所以哭，是吗？”她轻轻地点头，“老师来帮你，好吗？”这样，我带着她把课上的生字边读边给她写了一遍，然后让她跟着写了一遍。我这才发现，小梦写字的时候对笔顺没有概念，倒插笔很多，这时候我才知道自己在课上只是一味地要求她赶紧写，却没有及时发现她的问题。之后，我就给小梦找了一位“小老师”，让她有时间就跟“小老师”请教，一开始我还担心她会不会不主动问，后来我发现她会经常主动问她的“小老师”。

二、因材施教是教育的开始

在课堂上，我也会时时关注小梦。比如在写字环节，每写完一个字我就会让她给其他同学读一遍，并组词。一开始需要我去提醒她，经过几次之后，小梦会非常主动地在大家写字的时候给同学们再读一遍，并且组词。有时候生字教学后，我可能会忘记让她读，她就主动跟我说："李老师，您还没让我读这个字呢？"那一刻，我终于明白，你对学生的关注、付出真的会被学生看到，他们会感受到，他们也会报之以歌。教育需要耐心，需要等待，给学生时间，给学生耐心，经过时间的累积，学生就会在某一刻开始变化。

她每天回家也会复习生字，一开始写的生字会有一些不对的地方，我都会在第二天给她指出来。慢慢地，这样几次之后，有一天她的生字本全部都是对钩。从一个字都不会写到现在的全部都是对钩，我似乎看到了小梦放学回家后端坐在书桌前埋头复习的样子，看到了她努力回忆白天课上讲过的内容，看到了她写完作业后脸上满意的笑容……看着小梦的作业，我也开始明白：教育是静待花开，在等待中也许会有失望、焦躁甚至自我怀疑，这是作为教师的我们修为不够，我们需要明白，方法得当，足够耐心，学生就会在某一刻得到成长。

虽然小梦基础比较弱，但是我发现了她勇敢的一面。经过自身的不断努力，她听课慢慢进入了状态，从来不举手的她，一个学期后，开始积极举手了。在某一天的语文课上，我问了一个比较简单的问题，偌大的教室里，我被那只小手吸引了，看着她笃定和期望的眼神，我抑制住内心的兴奋，迫不及待地叫了她的名字。当她答对问题时，全班的掌声也如潮水般响了起来，我也高兴地对她竖起了大拇指，从她的表情中我看到了她的欣喜。

三、治愈也是一种教育

在这一年的教师节那天，语文课后，小梦从教室追出来，很开心地说："李老师，这是给您的教师节礼物。"我接过礼物一看，是润喉糖，那一刻我的内心涌过一股暖流，这是一份与众不同的礼物，足见她的用心。不知从什么时候开始，中午只要是我看餐，那个羞涩的小女孩总是会拿着自己的加餐水果分一些给我，有时候我想拒绝，但是又怕她伤心。后来，她总是会出现在我的身边，给我讲她在合唱团唱的歌、她去哪里玩儿了、她喜欢吃的东西……这一刻我才发现原来她也是一个开朗活泼的小女孩，她的世界也如同龄孩子一般丰富多彩。而在她的分享中，我也开始感受到原来被学生喜欢是这种感觉，我被她"治愈"了。对待不同的孩子，我们需要更多的时间和耐心去静待花开，每一个孩子都需要我们用爱去浇灌。你播种了爱，收获的不仅仅是爱，更多的是快乐、是感动。当你学会爱孩子，孩子也会在不经意间懂得爱你。

爱是教育永恒的主题，教育是塑造人心灵和灵魂的伟大事业，热爱学生是教师最厚重的职业底色。教育是心灵与心灵的沟通、灵魂与灵魂的交融、人格与人格的对话。尊重孩子、理解孩子，学着用一个孩子的眼光去看这个世界，做好温度教育，静待花开，以爱润心。

在语文教学中如何改变学生的习惯

北京景山学校通州分校　丁旭

在平时的教学中，总有那么几个让教师头疼的学生，我们怎样改变他们呢？我有一个这样的故事和大家一起分享。我的班上有一个让我一直头疼的学生小艺，他掌握知识特别慢，课上还走神，课下作业完成得也不是很好。但他特别喜欢科学，讲到他感兴趣的科学知识时，他就会眉飞色舞地回答好多问题。因此，他比同学知道得多。照理说，他应是非常出色的孩子。可是，他上课大部分的时间似听非听，手里还不停地做小动作，有时不肯写作业，别的教师对他都很头疼。课后他总是跟别的同学发生冲突，上次在无意中还造成了一个同学的腿受伤，别的同学也不喜欢他，说他不尊重同学，不热爱班集体。

经过我的了解，他在校期间不知道应该如何团结同学，也不知道文明行为包括哪些。为什么会这样？原因就是他的妈妈在家全职照顾他，他是一个

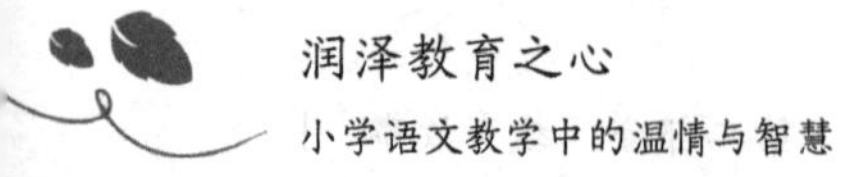

“妈宝男”，妈妈会全力以赴地关注他的学习，而对于他的一些不文明的行为，没有及时地去教育、引导，让他及时纠正错误。怎样才能转变他呢？我观察了很久，发现他是个比较感性的孩子。我有一次上课时喉咙不舒服、沙哑，上课前我说了这么一句话：“今天老师喉咙不舒服，可能讲话会比较小声，希望后面的同学谅解一下。”说来也奇怪，那堂课他上得很认真。下课了，他还到办公室来找我，对我说：“老师，您买点药吃吧，这样嗓子能好得快。”我当时非常感动，也很惊讶。

我乘机跟他谈心，讲他的优点、他的不足，并鼓励他改掉缺点，成为全面发展、人见人爱的好学生。这次的谈话非常有效，接连几天，他做作业的速度快了很多，也变得爱和教师沟通了。我特意在同学和其他教师面前夸他进步了。之后，他与同学的关系融洽了很多。我与家长联系时，家长也说现在他会帮助妈妈做一些力所能及的事情，自己的事情也会自己做。慢慢地，他开始与别人相处融洽，做到互帮互让，不文明的行为改变了很多，进步非常大。

从这个孩子的转变上，我明白了一个道理：要想使一个学生有所提高，教师一定要抓住他的优点和弱点，从各个方面去关心他、爱护他，让他感受到教师给予他的温暖和信心，这样会让学生从内心发现自己的错误所在，找到改变的办法。与此同时，在学生的心里又会产生一种对教师的喜爱与敬佩之情，从而努力学习。这样的办法的确很好，我想这些宝贵的经验会对我以后的教学有良好的帮助。要想真正做好“问题生”的工作，一定要深入了解他们的各种实际情况，例如在家的学习环境、学习状态，在校的表现、与同学之间的相处等，所以我们一定要深入调查，这样才能把工作做得更好。

抓住孩子进步的瞬间

北京市通州区荣海小学　张梦瑶

教育的本质就是传递美好，教师用真诚的心赢得学生的尊重，用满满的爱浸润学生的心灵，用无尽的智慧引领学生成长，就像一棵树摇动另一棵树，一朵云推动另一朵云，一个灵魂唤醒另一个灵魂。教师用他们的真诚、爱心和智慧，点燃了学生的求知欲望，引导他们追求真理。

一、初遇，野蛮生长

“为什么呢？”这是这个孩子常说的一句话。在课堂中听到这句话时，我总是欣喜地为他解答。“我不要！”这也是他常说的一句话。听到这句话我心中总是烦闷不已。在一年级刚入学的学生里，他有很少见的口语表达能力。但是，从第一天入校园开始，他的纪律问题就格外突出，吵闹、追打、随意说话等，严重影响课堂常规，给我留下了深刻的印象。

纪律是学习和成长的基石，它为我们的学习环境提供了秩序和稳定。然而小沐恩在很多教师的课堂上纪律都很成问题。这是一个需要关注和改变的问题，因为良好的课堂常规是所有在校学生培养良好学习习惯和获得知识的重要前提。对于孩子这样的情况，我也积极地与他单独交流，与各位任课教师交流，与家长沟通，寻求解决办法。

二、交流，舒展枝丫

我们在成长过程中都可能会受到批评，不同的人对待批评的方式也不尽相同。小沐恩在受到批评时会熟练地选择对抗。这种方式带来了一些负面的影响。

在课堂上交流和课下交往中，小沐恩也经常与其他人发生冲突。当父母对他的行为提出批评时，他总是熟练地为自己找借口或反驳，甚至有时会情绪激动地与父母争吵。这种对抗的态度让他与父母之间的关系变得紧张，也阻碍了他自身的成长。

作为班主任和语文教师，我的每一天都和学生息息相关，我也注意到了小沐恩在语文课堂上的纪律问题。我并没有选择忽视或一味惩罚，而是与小沐恩进行了一次深入的谈话，耐心地倾听了他的想法和困惑，并给予了积极的反馈和建议。

在一年级上学期的拼音教学课堂上，我希望同学们借助课文插图认识b、p、m、f，并且培养学生说完整话的能力。班里一连四个学生都能说出相应的拼音及它们隐藏在图片中的哪个位置。由此，我想进一步拓展学生的能力，提供了简单句式："我认为……，因为……，所以……"引导学生把句子说完整。

在实际训练中，学生确实有进步，能根据声母说出一段完整的话。而小沐恩则给了我惊喜：他不仅能按要求说出连贯的句子，还能把四个字母用一段话都说清楚。因此，我在语文课堂中大力表扬了他，还给了他一些班级评价中的奖励，也让同学们为他鼓掌。

这次回答让小沐恩得到了教师和同学们的肯定，感受到了教师的关心，这激发了他改变的决心。我为他制订了一份个性化的改进计划，包括设定明确的目标和奖励机制。同学们也给予了他理解和鼓励，一起帮助他养成良好的课堂习惯。"最难的问题谁来答呢？"在课堂上，我也进行分层教学探索，根据学情分层进行问题设置，给予他机会，赋予他使命感。"这才是周沐恩呢！"鼓励他多发扬自己的口语表达能力和逻辑思维能力。由此，丰富的评价让他在课堂上表现出色。

三、结果，向阳花开

改变并不容易，但每一个小小的进步都值得鼓励。小沐恩的故事告诉我们，只要有决心和努力，任何人都可以克服困难，成为更好的自己。让我们一起为他加油，期待他在学习方面取得更显著的进步。

教育，是一场美好的修行。在这个过程中，教师用爱心和智慧点燃学生的梦想，学生用成长和进步回报教师的付出。让我们一起珍惜这些美好的瞬间，让教育的力量在我们心中永远绽放。

领略意境之美

北京市通州区台湖学校　常帅

在探索小学语文教学的过程中，我深刻认识到情景教学在培养学生语言能力和文学鉴赏力方面的重要性。通过情景教学，我们可以将课堂变得生动有趣，激发学生的学习兴趣，让他们在真实的语境中感受文学之美。

情景教学是指在教学过程中，教师根据教学内容和学生特点，创设具体的、生动的、有意义的语境，引导学生积极参与，通过角色扮演、模拟对话、表演等方式，让学生在亲身体验中感知和理解语言知识和文学内容。

在小学语文教学中，情景教学能够帮助学生更好地理解和感受文学作品中的意境美。例如在教授《静夜思》这首古诗时，我将班里的窗帘全部拉上，灯关掉，向屋顶投影一片星空，创设一个宁静的夜晚场景，让学生扮演诗人，在月光下感受诗人的孤独和思乡之情。这样的情景教学不仅让学生身临其境地感受古诗的意境美，还能培养他们的文学鉴赏力和情感体验能力。

同时，情景教学也能锻炼学生的想象力和创造力。学习《春天》一文时，我尝试通过创设春天的情景，让学生在情景中感受春天的美好。我布置了教室，在墙上贴上了绿色的树叶、五彩斑斓的花朵，还播放了鸟鸣声的音频。在这样的环境中，学生仿佛置身于春天的大自然中，学习的兴趣一下子就被激发了出来。在创设的情景中，学生需要发挥自己的想象力，去想象和创造更多的内容。这不仅有助于他们更好地理解课文，也培养了他们的创新思维。

在情景教学中，我发现学生的参与度大大提高。他们不再是被动地接受知识，而是主动地参与到学习中来。他们通过观察和体验，更加深入地理解了课文的内容，也更加热爱语文学习了。

此外，情景教学还能促进学生的语言运用能力提高。我在教《春天来啦》一课时，先给学生播放了一段音乐，让学生静心聆听音乐中的山泉叮咚声、翠竹摇摆声、山鸟清脆的鸣叫声……并让学生描述通过音乐捕捉到的画面。学生很快便能从他们自己捕捉到的画面中总结出这是一派春之景。我趁着学生兴致盎然的时候，让他们说说自己眼中的春天。这时，学生经过美妙音乐的熏陶、感染之后，纷纷畅所欲言，有的说春就是小草萌发、百花齐绽；有的说春就是冰雪消融、群鸟争鸣；有的说春就是细雨蒙蒙、万物复苏；更有的说，春就是村口那几个顽童光着脚丫，在草地上无拘无束地奔跑、放风筝……由于营造了开放的教学氛围，学生敢于去想，去发现，去表达出与众不同的感受，其中的精彩和孩子们创造的火花随处可见。事实上，在这节课里，我也被孩子们活跃的思维所感染，被孩子们敏锐的感官、诗意的直觉以及不凡的创造力所惊叹。在教与学之中，师生双方互相影响着、感染着、触动着，对于“春”，大家都有了一番自己深刻的体会与感受。

在实施情景教学时，我觉得需要注意以下几点：首先，要根据学生的年龄和认知水平选择合适的情景内容与教学方式；其次，要注重情景的真实性和生动性，让学生能够身临其境地感受文学之美；最后，要及时给予学生反馈和评价，鼓励他们在情景教学中积极参与和表现。

总之，情景教学是一种有效的小学语文教学方法，能够帮助学生更好地理解和感受文学作品中的意境美，提高他们的语言运用能力和文学鉴赏力。在未来的小学语文教学中，我将继续积极探索和实践情景教学，让更多的学生受益于这种生动、有趣的教学方式。

一次“赊账”带来的精彩

北京市通州区台湖学校　高小莉

小学是一个孩子一生中的基础阶段，班主任是十分重要的引导者。从踏上工作岗位开始，我坚守“一棵树摇动一棵树，一朵云推动一朵云，一个灵魂唤醒一个灵魂”的信念，守护着我的孩子们，努力用我散发的微光点亮孩子们内心的灯火。

按照惯例，今天照常评选本月的学习成果之奖、学习之星、进步之星、作业之星。获奖的同学们特别高兴，其他学生都向他们投来羡慕的目光。

“丁零零”，下课铃一响，崔同学悄悄走到我面前：“老师，我可以看一下奖品吗？”崔同学是一个脾气差、爱打架，甚至还喜欢和教师顶嘴的孩子。他上课听讲不认真，做作业时动作很慢，老是磨磨蹭蹭，而且不喜欢动脑筋，回家经常不做作业。我多次找他谈话，希望他能遵守学校的各项规章制度，以学习为重，按时完成作业，知错就改，争取进步，做一个教师和同学们都喜欢的好孩子。但是，他每次口头上答应得好好的，行动上没有任何的改观，真是“勇于认错，坚决不改”，我行我素，毫无长进。

我顺手递给他一个一等奖的奖品，他爱不释手。看着崔同学渴望的眼神，我顿时心生一计，说道：“老师把这个奖品送给你，怎么样？”“这，这怎么行呢？”他非常惊喜，但又有点儿犹豫，不知道我的葫芦里卖的是什么药。“这可不是白给你的，你需要给老师打张欠条，下个月如果表现好了，能获得奖品，老师就送给你；如果得不到，你要退还给老师。”崔同学非常高兴，大声保证：“老师，我一定好好表现，争取留住奖品！”我微笑着冲他点了点头，说：“老师相信你能行！”

果然，下节课我再去教室上课，平时上课坐不住的崔同学，今天坐得很端正，听课也特别专心，而且总是把小手举得高高的。其他同学也说：“老师，崔同学今天的作业书写得特别认真。”“老师，我也能做得好。”“老师，我也能行。”看着孩子们一张张希望得到认可的笑脸，我从心底由衷地感到喜悦。“赊”出去一个奖品，带来的却是无以言表的精彩。这与其说是奖品的功劳，倒不如说是教师的尊重让崔同学感受到了平等，教师的信任让他感受到了动力，这比任何长篇大论的教育都来得更加有效。

“爱在左，情在右，走在生命的两旁，随时撒种，随时开花。”我以平等的尊重和真诚的爱心，去打开每个学生的心灵。因为我知道，每一扇门后面都是一个不可估量的世界。这就是作为班主任的责任——爱的责任。

花儿，你慢慢开

北京拔萃骏源学校　张晨晖

“爱在左，情在右，走在生命的两旁，随时播种，随时开花”这句话时常在我心中回响。当踏上那虽小却充满魔力的三尺讲台，我顿时领悟到，这里是一个广袤而温馨的宇宙。孩子们发自内心的问候、带着微笑的赞美，以及他们对知识的渴望和不断的进步，每一次都给我带来难以言喻的满足和喜悦。我逐渐明白，这份甜蜜的体验并不源于孩子们的回报，而是源于教育事业本身所蕴含的深远意义和无限乐趣。在这个初夏的季节，我渴望重温那些往昔的故事，去细细回味那些珍藏在记忆深处的感动瞬间。

一、初见“他”头疼不已

提及我们班的原原，我不禁陷入了深深的回忆。开学之初，他如同一块未经雕琢的璞玉，身上充满了原始的野性和不羁。初识他时，我几乎被他的“不羁”所折服。那时的他，自觉性如同砂砾般脆弱，难以自我约束。他的课桌仿佛一个杂乱的“宇宙”，东西随意堆砌，稍有不慎，便会引发一场“桌肚的灾难”。他的作业本也如同战场一般，字迹潦草，仿佛经历了一场激烈的战争。在课堂上，他更是一个“行走的谜团”，时而神情恍惚，仿佛置身于另一个时空；时而手舞足蹈，文具成了他的玩物；时而做出一些令人费解的怪异动作，引得全班侧目。这样的他，仿佛是一颗随时可能引爆的“炸弹”，让每位教师都对他避之唯恐不及。然而，即便面对教师严厉的批评，他也只是短暂地“收敛锋芒”，不久后便会恢复原状，继续他的“熊孩子”生活。他的种种行为，无疑给班级管理带来了极大的挑战。但也正是这样的他，让我看到了教育的意义和挑战。

二、再见“他”笑靥如花

某个星期五的清晨，我如常早早抵达学校。在熙熙攘攘的学生中，一个熟悉的身影异常显眼——原原。我颇感意外，他往常总是姗姗来迟，今日却早早地出现在了我的视线中。就在我满心疑惑之际，他主动走近，清脆地喊道：“张老师，早上好！”我微笑着回应：“嗯，你今天怎么来得这么早？”他兴奋地说：“老师，我带了盆栽过来，想帮您一起布置教室。我想早点儿带来，让您看看。”他轻轻地将原本放在地上的盆栽搬到我的面前。他的眼神中充满了期待和自豪，仿佛手中的这盆植物是他最珍贵的宝藏。他激动地说：“看，老师！这是我家里长得最好的一盆，我特意挑来送给您的！”那一刻，我仿佛看到了他内心的火焰在燃烧，那种为别人付出的热情和纯真让我深受触动。在这个略带凉意的早晨，我的心却被他的真诚和善良温暖得如同沐浴春日暖阳。我从未想过，这个平日里对任何事都漠不关心的孩子，竟然能因为我的一句鼓励而如此用心。他的举动让我深感欣慰，也让我更加坚信教育的力量。

三、改变“他”绞尽脑汁

经过几周的接触与观察，我渐渐明白，传统的教育方法在他身上效果有限。因此，我决定为他量身定制一套策略。有一次在课堂上，我特别注意了他的反应：起初的几分钟，他还能专心听讲，但随后便显露出不耐烦的迹象。他撕下作业本上的一张白纸，开始在上面随意涂鸦，完成后还扬扬自得地展示给同桌看。我默默观察着这一切，但并未立即打断课程对他进行批评。相反，我选择了忽视，继续我的授课。课后，我特意与他周围的同学交流，告诉他们，当原原在课堂上再次分心时，不必过分关注或回应，让他自己意识到这样的行为无趣，会自发停止。同学们决定配合我。再次上课时，原原又按捺不住了，开始了他的小动作。但这一次，他的同桌和其他同学都没有理睬他。当他发现这一异常时，不禁感到困惑。此时，我投去了一个宽容而坚定的眼神。他仿佛看到了希望，瞬间收敛了行为，开始安静地听讲。

课后，我特意找到他，与他进行了一次深入的交谈。首先，我诚挚地肯定了他："原原，我注意到今天上课时你能专心听讲，这是一个非常棒的进步。"他听到这样的夸奖，脸上露出了意外的惊喜和愉悦。我趁热打铁，继续鼓励他："老师一直认为你拥有聪明的头脑，并且深信你会有出色的表现。现在，我们做个小约定，明天的课堂上，我允许你有一次小小的分心，但只此一次。你能否做到呢？"他显然没想到我会如此信任他，并给了他这样的"特权"，于是毫不犹豫地回答："我可以！"第二天上课前，我给了他一个鼓励的眼神，他立刻心领神会。果然，整堂课下来，他全神贯注，而且积极参与课堂讨论。于是，我在全班同学面前表扬了他："原原今天的表现非常出色，积极参与课堂，是我们所有人的榜样！"听到这样的表扬，他的脸上露出了久违的灿烂笑容。

自那次谈话之后，原原逐渐展现出令人欣喜的变化。他上课的积极性显著提升，每当听到他的发言，我总是毫不吝啬地给予他认可和鼓励。更令人欣慰的是，他的字迹也有了显著的提升，其他教师看到他的字迹时，都称赞他的进步之大。我深知，要让原原持续进步，每天都需要给予他一点点鼓励。因此，我总是用"你真棒！老师最喜欢你了！"这样的话语来激励他。然而，口头的鼓励远远不够，作为教师，我深知需要付出更多的耐心和坚持。当原原的铅笔笔头变粗时，我会主动提醒他，甚至帮他削好两支新的铅笔；当他的衣服没有穿整齐时，我会温柔地帮他整理一下；当他不会系红领巾时，我也会耐心地教他。虽然他在课堂上仍然会有些小动作，但我能明显感受到他动的次数少了，频率也降低了。

尽管原原的表现有时会出现反复，但我坚信，只要我们持之以恒地教育他，这个曾经让教师闻之色变的"熊孩子"，也能逐渐变得听话懂事，迎来属于他自己的春天。

四、回顾“他”收获颇丰

在我真诚的关爱和引导下，原原发生了巨大的改变，取得了显著的成长。从他身上，我深切体会到，要做好中低年级学生的德育工作并非易事。面对那些让教师感到头疼的“熊孩子”，我们不能仅仅依赖简单的批评教育模式，教师的真诚、耐心和宽容，就如同一盏明灯。因此，作为教师，我们需要以更加开放的心态，去发现每个学生的独特之处。

这段经历让我深切地体会到，面对“熊孩子”，我们不能将他们置于教育之外，而应当用爱心去接纳他们，用敏锐的眼光去发现他们独特的优点，并乐于给予他们应有的表扬。在这条充满挑战与收获的教育之路上，我将坚守初心，不断前行，用我满心的爱去打开学生的心灵之门，陪伴他们一同成长，一同迎接未来的每一个晨曦与夕阳。

班主任的尺度把握

——学校规则与学生自由的和谐共舞

北京拔萃骏源学校　龚玉玲

在繁忙而充实的学校生活中，作为班主任的我，每天都在与学生的互动中探索着学校规则与学生自由之间的尺度把握。这是一项既富有挑战又充满智慧的工作，它要求我既要坚守学校的规章制度，又要关注每一个学生的个性发展和自由成长。

记得那是一个阳光明媚的早晨，我走进了教室，准备开始新一天的教学工作。这时，我发现班上的小明同学正在与同桌热烈地讨论着前一晚的篮球比赛，全然不顾周围同学正在安静自习。我走过去，轻轻地拍了拍他的肩膀，示意他安静下来。小明抬起头，看到我，脸上露出了尴尬的笑容。

我深知小明是个热爱运动的孩子，活泼好动是他的天性。然而，学校规定在自习时间要保持安静，这是为了保障所有同学的学习效率。我意识到，不能简单地对小明进行批评和惩罚，而是需要引导他理解规则的意义，并学会在规则允许的范围内发挥自己的个性。

于是，我决定与小明进行一次深入的谈话。在谈话中，我首先肯定了小明对篮球的热爱和他在运动方面的天赋，然后向他解释了学校规定自习时间保持安静的原因。我告诉他，规则是为了维护公共秩序和保障每个人的权益而制定的，它并不是束缚个人发展的枷锁，而是促进个人成长和集体和谐的基石。

接着，我鼓励小明思考如何在遵守规则的同时，保持自己的兴趣和个性。我提议他可以在课间休息时间与同学们一起讨论篮球比赛，或者利用周末时间组织班级篮球赛等活动，这样既能够满足他的兴趣爱好，又能够增强班级凝聚力。

小明听了我的话后，沉思了片刻，然后点了点头表示认同。他说自己以前确实没有意识到规则的重要性，总是觉得规则是限制自己自由的枷锁。但现在他明白了，规则是为了保障每个人的权益而制定的，只有遵守规则，大家才能在集体中和谐共处。

在后续的日子里，我观察到小明逐渐改变了自己的行为。他不再在自习时间大声喧哗，而是安静地学习或者与同学们交流学习心得。同时，他也积极参与班级组织的各项活动，包括篮球赛、文艺演出等，展现了自己的才华和个性。

这次经历让我深刻体会到，作为班主任，在把握学校规则与学生自由之间的尺度时，需要注重引导而非强制。我们要尊重每个学生的个性和兴趣，理解他们的需求和困惑，帮助他们认识到规则的重要性，并学会在规则允许的范围内发挥他们自己的个性和特长。

同时，我们也要注重培养学生的规则意识和自律能力。通过组织各种活动和讨论，让学生理解规则的意义和价值，并自觉遵守规则。只有这样，我们才能真正实现学校规则与学生自由的和谐共舞，让每一个学生都能够在规则的保障下自由成长、全面发展。

爱，有时需要“示弱”

北京景山学校通州分校　魏笑天

没有爱，就没有教育。诚如泰戈尔所说：不是锤的打击，乃是水的载歌载舞，才使鹅卵石臻于完美。教育需要爱，更需要教师通过示弱、容错、留白等方式，让学生在爱的浸润中自我净化、自我完善、自我提高。

在师生关系中，教师相对处于强势地位，但有时候在学生面前示之以弱，能够化被动为主动。小季在班上是出了名的“犟牛儿”。熟悉他的人都说他是“六月的天，说变就变”，一旦那股犟劲儿上来，就不管不顾了，因此教师和同学都不大愿意招惹他。一开始，我并没有找他谈话，而是与对待其他同学一样，一视同仁，有时甚至还有意识地安排他与成绩好的同学一起为班级服务。在此过程中，我暗暗观察，发现小季其实是一个做事认真负责，但个性十分突出的学生。这样的学生性格直爽，如果教师能示弱，一旦让他信服，应该会收到奇效。

机会终于来了。那天，有外校领导和教师来学校参加活动，班主任需要将卫生再仔细检查一遍。接到消息后，我迅速来到教室，见大多数学生已经放学回家，只剩下包括小季在内的三个学生还在托管没走。按以往做法，我会直接要求他们把卫生做了。但想到小季的性格，我灵机一动，把他们三人叫到面前，略带歉意地说：“今天老师有点儿忙，把重要的事情忘记了！马上有客人要到学校来参观，咱们班的卫生还需要再打扫一下。老师想请你们帮一下忙，我们一起再清理一下，可以吗？”

听了我的话后，三人互相对望了一下，小季率先开口道：“老师，我们三个来值日！您先去忙您的，我们马上做，做完了您来检查！”说完，他上前把我送到教室外，朝我挥了挥手，便和其他同学忙活了起来。不到十分钟，小季便兴冲冲地跑到办公室，让我去检查。我一边递过纸巾让小季擦擦额头上的汗，一边拍拍他的肩膀说：“辛苦了！走，看看你们的劳动成果去！”来到教室，看到整洁有序的桌椅，我竖起大拇指称赞道："好！非常棒！辛苦大家了！"听了我的表扬，他们三人都露出了兴奋的表情。

回到办公室，想起小季刚才的表现，我为自己"示弱"的"英明"策略感到庆幸。从那之后，我时常对小季"示之以弱"，让小季在协助我工作的过程中不知不觉地改变着自己的犟劲儿。有一次，我不经意地问小季："大家都说你以前很'倔'，老师怎么感觉有些名不副实啊？""那是因为您说话从不用命令、强制的口气，让我感到很亲切，所以……"小季有些不好意思地说。

"那可不一定！以后你要是不听话，老师也会发脾气的。"我故意认真地说。"嗯！我知道！您放心，我一定听从老师的。"听我这么说，小季赶紧保证。

"一言为定！"我们击掌道。看着小季那自信的表情，我似乎看到了一个活泼、开朗、通情达理的少年正慢慢成长起来。

潜心育人，静待花开

北京景山学校通州分校　洪莹

二（3）班的王佳壹是一个让我倍感挑战性的学生。他上课不认真听讲，作业经常完不成，本学期还存在偷拿同学物品的行为，卫生习惯也相当差。面对这样复杂的情况，我决心尽自己最大的努力帮助王佳壹走上正轨。我首先与王佳壹进行了多次深入的交流，尝试了解王佳壹的内心世界，探究这些不良行为背后的原因。通过耐心倾听和细致询问，我发现王佳壹的父母工作都较忙，家中还有一个弟弟，他缺乏足够的关爱和引导，这导致他自理能力较差，从而形成了这些不良习惯。

为了改变王佳壹的现状，我制订了一套全面的教育计划。我先从课堂纪律入手，严格要求王佳壹认真听讲，遵守课堂秩序。同时，我在课堂上设计了一些有趣的活动和互动环节，以提高王佳壹的学习兴趣和参与度。针对王佳壹不完成作业的问题，我采取了"一对一"辅导的方式，利用课余时间单独辅导王佳壹，帮助他解决学习上的难题，让他感受到学习的乐趣和成就感。此外，我还与其家长保持密切联系，共同监督王佳壹的学习情况，确保他能够按时完成作业。

对于王佳壹偷拿同学物品的行为，我进行了严肃的教育。我告诉王佳壹这种行为不仅违法，而且会对他人造成伤害。我引导王佳壹换位思考，理解同学的感受，鼓励他主动向同学道歉并赔偿、归还物品。通过和他家长的多次沟通交流，家长意识到问题的严重性，并带着孩子到派出所，让警察进行教育。同时，我还加强了班级的道德教育，让学生明白诚实、尊重和友爱的重要性。通过多种途径的教育，王佳壹最终改正了这种不良行为。

在卫生习惯方面，我通过班级活动和日常监督来引导王佳壹改变。我组织了一些卫生评比活动，鼓励学生保持个人和公共区域的卫生。同时，我还安排了一些卫生值日任务给王佳壹，让他在参与中逐渐养成良好的卫生习惯。

经过一段时间的努力，王佳壹逐渐展现出了积极的改变。他学会了尊重他人，不再偷拿同学的物品；他的卫生习惯也有了明显的改善；更重要的是，在教师和家长的共同监督下，他的学习成绩也有所提高。面对学生的复杂问题，教师需要付出更多的耐心和努力，通过深入了解学生的情况，制订个性化的教育计划，通过家校合作的方式，帮助学生逐步走上正轨，实现自我成长和进步。我的努力和坚持为王佳壹带来了积极的改变，这也让我看到了教育的力量和希望。

小芽苗　大学问

——创新奖励带来的多重收获

北京景山学校通州分校　刘丽楠

开学前，我一直在深入思考如何将小组评比的奖励机制与学生的校园学习建立紧密而有效的联系，期望能够设计出一种奖励方式，既能让学生充满浓厚的兴趣，又能确保他们从中获得实实在在的收获。经过一番深思熟虑，我终于想到了一个别出心裁的主意：奖励每月得星胜出的两组，每人可以在班里种植一盘属于自己的芽苗菜。

当我宣布这个奖励的时候，得到种子的孩子兴奋异常，他们的眼睛里闪烁着惊喜和期待的光芒。而没拿到种子的孩子则露出了羡慕不已的神情，暗自下定决心下个月要更加努力，争取也能获得种植芽苗菜的机会。

自从开展了种植芽苗菜的活动，每节课间，教室里的景象都与以往大不相同。孩子们忙得不亦乐乎，种子的小主人自然是全心全意地忙着给自己的小种子喷水保湿，小心翼翼地呵护着，仿佛这些种子是世界上最珍贵的宝贝。而其他孩子也按捺不住好奇心，纷纷围过来，想看看种子都发生了什么奇妙的变化。

这种热闹的场景，正是我所期望达到的效果。为了让孩子们更好地观察和记录芽苗菜的生长过程，我让他们准备了观察记录本，及时记录下每一个细微的变化。孩子们用他们稚嫩的笔触，认真地描绘着种子破土而出的瞬间、芽苗一点点长高的惊喜，以及叶片逐渐展开的美妙。

这个过程让孩子们不仅学会了耐心等待和细心观察，还提高了他们的语言表达能力。原本让孩子们感到头疼的写话练笔，如今变得生动有趣起来。他们不再为无话可写而苦恼，因为眼前的芽苗菜就是他们最好的写作素材。通过观察和记录，他们能够用更加准确、生动的语言来描述自己的所见所感。

经过一段时间的悉心照料，芽苗菜终于成熟了。孩子们亲手采摘自己种植的芽苗菜，那满满的成就感溢于言表。当把这些芽苗菜做成菜肴品尝时，他们更是觉得美味无比。这份美味不仅仅来自芽苗菜本身的鲜嫩，更来自自己付出的劳动和汗水。

通过这次种植芽苗菜的活动，我深刻地体会到，一个好的奖励机制不仅能够激发学生的竞争意识和团队合作精神，还能为他们提供更多学习和成长的机会。在今后的教学中，我将继续探索更多富有创意和教育意义的奖励方式，让孩子们在快乐中学习，在学习中收获更多的知识和乐趣。

我相信，只要我们用心去设计，用爱去引导，每一个小小的活动都能成为孩子们成长道路上的宝贵财富，为他们的未来奠定坚实的基础。而这，也正是我们作为教育工作者的使命和担当。

用爱静待花开

北京景山学校通州分校　丁旭

小潇在读二年级的时候对语文学习没有太大兴趣，经常不愿意写作业，也不喜欢回家复习。现在三年级了，作为他的语文教师，我为此感到担忧，希望能帮助他找到学习的乐趣。

于是，我决定通过课堂的教学，重点关注该生。在课堂上，我引入了许多生动有趣的故事和活动，让他参与并在游戏中学习，以此寻找他的兴趣点。我也尝试让他回答问题，并及时给予表扬和肯定。一次，在课上我讲了一个勇敢的小女孩克服困难的故事，这个故事深深吸引了小潇的注意力。他听得津津有味，甚至在课后主动找我询问更多有关这个故事的问题。我发现了小潇的兴趣点，便开始更多地利用故事和互动在课上教授语文知识。

一次课间，我找到小潇，聊聊他学习语文时遇到的困难，他说想学好，但是好多都不会，所以上课就不敢举手了。了解了该生的想法后，我第一时间与家长取得联系，和家长一起设计合理的学习计划和目标，帮助小潇建立学习的自信心。我和家长分场合鼓励他每天坚持做一些练习和复习，让学习变得更加有序且有效。经过一段时间，我和家长注意到了小潇的努力和进步，并及时给予了鼓励和肯定，让他觉得自己的努力是被看到和重视的。

随着时间的推移，小潇的学习态度逐渐改变了。他开始喜欢上了学习语文，乐意写作业和回家复习。同时，他也体会到了学习的乐趣和成就感，这样的成果不仅来自他自己的努力，也来自教师和家长的支持和鼓励。

其间，发生了我印象特别深刻的一件事：小潇在词语练习中，通过自己的努力复习，由原来只会写几个，到现在只错了两个，我在班上特别表扬了他。小潇脸上露出了自豪的笑容，他意识到自己的努力得到了认可和回报。从那以后，他对语文学习更加充满热情，不仅爱写作业了，回家也会更认真复习了。

从这件事中我知道了，鼓励和正确的方法对学生的学习态度有着巨大的影响。通过生动有趣的教学方式、制订合理的学习计划、家庭中的陪伴和支持，以及及时的鼓励和表扬，能够帮助学生找到学习的乐趣，建立起自信，从而在学习中取得更大的进步。

你笑起来真好看

——小欢成长记

北京景山学校通州分校　洪扬

在我们这个被大家亲切地称为“小竹班”的集体里，每个孩子都如同破土而出的小竹笋，怀揣着无限的生机与希望。班训“自信、坚韧、谦虚、向阳”不仅是我们班级的座右铭，更是我们班每个孩子成长的指引。在这个充满阳光与爱的大家庭中，小欢的蜕变之旅尤为引人注目。

每每看到小竹班的第一张合影时，在众多笑脸中那一抹忧愁的面容极为令人担忧，她是小欢。还记得刚入学时，小欢就像一棵刚破土的小竹笋，胆小、敏感，总是缩在角落里，害怕阳光的照射。她的内心充满了自我怀疑和不确定，无法自如地融入这个新的环境。通过与其家长沟通得知：小欢每晚都是以泪洗面，适应障碍的心理负担好似一座大山，压得她喘不过气来。在深入沟通中我了解到，小欢上幼儿园时就颇为坎坷。那时家长认为孩子年龄小，给予安抚就可以解决问题，回忆起来，小欢直到中班才慢慢适应幼儿园的生活。可是，对于小学时光而言，一年级是那么幸福、那么宝贵，作为班主任的我，看在眼里，急在心里，绝不能让小欢的一年级在内耗中度过。我深知，每个孩子都是一棵独特的幼芽，需要耐心和关爱去浇灌。我们必须采取干预措施，帮助小欢尽快走出困境。

首先，我尝试为小欢寻找一个学习伙伴。我观察到班级里有一个开朗热情的女孩，她的阳光气质总能感染到周围的人。于是，我有意无意地安排她们坐同桌，让她们在共同的学习中逐渐建立起友谊。起初，小欢对新的朋友很是抗拒，她更愿意独处。我一方面鼓励学习伙伴继续向小欢伸出援手，另一方面也在持续关注小欢的情绪变化。终于，在学习伙伴锲而不舍的互动中，小欢开始尝试着与这个小伙伴交流，从一起去卫生间到相互陪伴去专业教室，从一路默默无言到脸上开始有了笑容。你看，同伴的帮助和陪伴往往更为宝贵，友情往往在无人知晓的瞬间散发出无可比拟的力量。

小欢适应了她的小小朋友圈，但这是不够的。作为班主任，我还要帮助她建构与教师、与全班同学连接情谊的桥梁。接着，我在班级内设置了多个管理岗位，鼓励孩子们根据自己的兴趣和特长去选择。我特意找到小欢，告诉她每个岗位都是班级不可或缺的一部分，希望她能勇敢地选择一个。在我的鼓励下，小欢选择了黑板管理员这个岗位。可以说，这个岗位的选择是在我的期待之中的，因为它可以增加小欢与各科任课教师的互动交流。还记得刚刚担任黑板管理员时，她托着洗好的抹布站在一旁，胆怯地看着教师，迟迟不敢开口问教师黑板用不用擦。各学科教师都很关注小欢的情况，所以总会第一时间帮助她化解尴尬。渐渐地，小欢越来越信任教师，有时在课堂上听到有趣之处也会抿起嘴来偷偷地笑。

最后，我利用小欢的钢琴特长，为她创造了一次又一次展示自我的机会，赢得了全班同学的赞赏。在元旦联欢会上，我邀请小欢进行钢琴表演，她紧张得手心冒汗，实在迈不出这勇敢的一步。我知道小欢需要时间去消化情绪，此时切不可急于求成。于是，我们俩经过商量，决定采用录制视频的方式进行展演。在视频里，小欢像一个美丽的公主，指尖在钢琴的黑白键上自由飞舞，她是那样自信、优秀。一曲完毕，同学们报以热烈的掌声，小欢害羞地笑了。让小欢的才艺真真实实地展现在大众面前是我一直未完成的想法，终于，机会来了。在庆“六一”歌唱活动中，班级内需要一名同学进行现场伴奏。当我把这个任务告知小欢的时候，出乎意料的是，她满口答应，没有一丝迟疑。那一刻，小欢的脸上洋溢着如阳光般灿烂的笑容。那一刻，我知道小欢在悦纳同学、教师的同时，也悦纳了她自己。

一路走来，小欢的变化让人欣喜。她告别了胆小、敏感，逐渐成长为一个开朗、自信的学生。她不再害怕与人交流，而是勇敢地表达自己的想法和感受。更重要的是，她笑起来真的很漂亮，她找到了属于自己的快乐。我知道，只要我们用心去发现每个孩子的独特之处，用心去浇灌，每一个孩子都能够在成长的道路上绽放出属于自己的光芒。

“小话痨”　大可靠

北京景山学校通州分校　李文鑫

在被阳光洒满的校园的每个角落，都有一个小小的身影活跃其中，那就是我们班级里的小刘。他有一双明亮的眼睛，总是闪烁着好奇和热情的光芒，但他的好动和调皮也给班级带来了不少“小插曲”。

记得那是一个晴朗的早晨，上课铃声响起，同学们纷纷调整好坐姿准备听讲。可就在这时，小刘却像一架小小的机关枪：“老师，我可想你了！”“老师，你的衣服真好看。”“老师，我妈妈也有一件这样的衣服。”不时还跟旁边的同学交头接耳，甚至偶尔还会突然发出怪声，引得全班哄堂大笑。教师无奈地摇摇头，小刘却乐此不疲。

课间时分，更是小刘的“天下”。他总是带领着几个小伙伴在走廊上追逐打闹，时不时还因为一些小事与其他同学发生口角。看着小刘那无忧无虑的样子，我们既无奈又担忧。

我们多次与小刘进行深入的谈话，试图打开他的心扉，了解他内心的想法和困扰。在谈话中，我们发现小刘其实非常渴望得到教师和同学们的认可，他也希望自己能够变得更加优秀。但他也表示，自己总是忍不住想要说话和玩耍，很难保持安静和专注。

为了帮助他改变这一状况，我们为他设计了一系列的目标和计划。首先，我们鼓励他在课堂上保持安静和专注，尽量不要随意插话或影响其他同学。为了激励他，我们设立了一个奖励机制，只要他能在课堂上保持一段时间的良好表现，就能获得一些小奖励。同时，我们也与他的家长进行了沟通，希望他们能够在家里也给予小刘一些引导和支持。

在教师和家长的共同努力下，小刘逐渐有了改变。他不再像以前那样在课堂上随意插话或打闹，而是开始尝试保持安静和专注。虽然过程中有时还会出现一些“小插曲”，但我们已经看到了他的努力和进步。

为了进一步激发小刘的潜能，我们还决定让他担任班级的小干部。这个决定让小刘既兴奋又紧张，他也表示愿意尝试。在担任小干部的过程中，小刘变得更加自律和成熟。渐渐地，小刘开始有了变化。他上课不再乱说话，而是努力认真听讲；课间追跑打闹也变少了，而是与其他同学一起看书、聊天。他还主动帮助同学打扫卫生、整理图书，成了教师和同学们眼中的“小帮手”。

然而，改变的过程并非一帆风顺。在担任小干部的过程中，小刘也遇到了一些困难和挑战。有时他会因为管理不当而与其他同学产生矛盾；有时他也会因为自己的好动和调皮而影响到班级的纪律。每当这个时候，我们都会及时给予他指导和帮助，让他明白自己的错误并改正过来。

经过一段时间的努力和坚持，小刘终于取得了显著的进步。他虽然还是有些好动和调皮，但是已经有了守纪律、爱学习、关心集体的习惯。他的变化不仅让教师和同学们感到欣慰和自豪，也让他自己收获了更多的自信和快乐。

课堂的主角：以学生为主体的教学探索

北京景山学校通州分校　任群

五月的阳光透过教室的窗户，洒在孩子们纯真的笑脸上，也照亮了我作为一年级语文教师的探索之路。学校的研究课对我来说，不仅是一个锻炼自己教学能力的机会，更是一个深入理解和实践以学生为主体的教学理念的契机。

最初，我按照传统的教学方式设计了我的课堂。从课文的引入，到知识的讲解，再到学生的练习，每一个环节都似乎合理。然而，在周进红老师的指导下，我意识到这样的课堂虽然结构完整，但缺乏学生的参与和表达，学生的主体性没有得到充分体现。

周老师耐心地给我分析，她告诉我：“课堂是学生的舞台，而不是老师的独角戏。你需要大胆放手，让学生成为课堂的主角，让他们充分表达、充分思考。”她的话让我深受触动，我开始反思自己的教学方式，并决定重新设计课堂。

在修改教案的过程中，我增加了更多的互动环节。我通过一个小故事导入新课，引发学生的兴趣；我鼓励学生自己朗读课文，感受其中的韵律和节奏；我提出问题，让学生分组讨论，自己寻找答案。我还设置了“小小讲师”的环节，让学生轮流上台，分享他们对课文的理解和感悟。

在课堂上，孩子们的表现让我感到惊喜。他们不再像以前那样被动地接受知识，而是积极参与讨论，勇敢地表达自己的想法。他们的眼睛里闪烁着光芒，仿佛对知识的渴望得到了满足。他们互相倾听、互相学习，形成了一个充满活力和创造力的学习共同体。

在这个过程中，我也收获了很多。我深刻地体会到，当学生成为课堂的主角时，他们的学习状态会发生翻天覆地的变化。他们变得更加主动、更加自信，对学习的兴趣也大大增强。而我，也在观察和倾听的过程中，不断发现孩子们的闪光点和不足，为后续的教学提供了宝贵的参考。

这次的教学探索之旅让我更加坚信，以学生为主体的教学理念是符合教育规律的。作为教师，我们需要关注学生的需求，尊重他们的个性，让他们在课堂上充分展现自己。只有这样，我们才能培养出真正有思想、有能力的学生，为他们未来的成长打下坚实的基础。

在未来的教学中，我将继续贯彻以学生为主体的教学理念，不断探索和实践新的教学方法。我相信，在我和同学们的共同努力下，我们的课堂将会变得更加生动、更加有趣，成为孩子们探索世界、发现自我的乐园。

让生命因遇见而精彩

北京拔萃骏源学校　张晨晖

董卿曾在《朗读者》节目中这样说：世间一切，都是遇见。就像冷遇见暖，就有了雨；春遇见冬，有了岁月；天遇见地，有了永恒；人遇见了人，有了生命。我觉得，最美好的事，莫过于在教育路上和孩子们一场场爱的遇见。

最近读了徐杰老师的《匠心与生长——我的18节名著导读课》中的《小王子》导读实录，非常感动。在此借用评课记录里的这个题目，因为我觉得这也是我的心声。

我一直觉得执教整本书阅读是一种挑战，想要用短短的40分钟时间来完成一本数万字书的导读，这需要教师具有极强的剥茧抽丝、提纲挈领的能力。无论是问题的提出，还是活动的设置，都不能脱离文本而存在。在这节课上，徐老师让学生把章节内容概括成一句话，从文中找关键词；让学生思考这是一个（　　）的大人，结合书中相关内容进行回答。正所谓“大道至简”，看起来简单的问题，其实是带领学生在文本中来回穿行，因为寻找的过程就是阅读、思考和提炼的过程，一线“串珠”，把整本书串联了起来。学生的答案自然各不相同，于是，徐老师又逐一进行点评引导：“还有更好的答案吗？”“不是很恰当。”“有一点儿意思了。”“这个词语我喜欢。”……就这样，一步步让学生完善自己的表达能力。从不解，到懂得；从模糊，到明晰；从偏离，到精准；从零散，到集中；从表面，到深层；从文本，到生活……课堂，就是在不断升华中推进，最终落地为学生的成长。

语文最重要的是学习什么？表达。在徐老师的课堂上，学生一步步锤炼着自己对语言的理解与把控能力，把对文本的解读用最准确的词语表达出来，不知不觉间，完成了与文本的对话、与作者的对话。这才是语文课。

本学期我担任三年级（2）班的语文老师，必读书《伊索寓言》是一本古老而深刻的寓言集，它以短小精悍的故事揭示了生活的真理和智慧。对于三年级的学生来说，阅读《伊索寓言》不仅可以帮助他们理解复杂的道理，还能培养他们的批判性思维和想象力。

在接下来的教学中，我计划引导孩子们进一步探索《伊索寓言》的深层含义。例如，我们可以一起探讨这些故事如何反映当时的社会现实，以及它们对于现代社会的意义。同时，我还想引导他们理解这些故事中的教育意义，以及如何将这些教育意义应用到日常生活中。

为了使阅读《伊索寓言》的教学过程更加生动有趣，我还计划组织一些相关的活动。例如，我们可以举办一场故事会，让每个学生都准备一个《伊索寓言》中的故事进行分享。或者我们可以进行角色扮演，让学生通过表演来展示他们对故事的理解。

千百年来的文化长河中，每一个汉字都葆有鲜活旺盛的生命力，我们要做的，就是和孩子们一起，去触摸汉字的脉搏，去聆听汉字的心跳——愿每个汉字都能在语文课堂上继续焕发无与伦比的光芒，愿每个孩子都能感受到语文的浪漫情意，愿我们的传统文化能够经久不衰、生生不息。

语文的浪漫，是对汉字翻来覆去地品读。穿越千年，我看到，那是“采菊东篱下”的恬淡心境，是“大漠孤烟直”的雄浑边塞，是“红杏枝头春意闹”的一树烂漫，是“春风又绿江南岸”的一江春水，是“几处早莺争暖树”的声声莺啼，是“烟笼寒水月笼沙”的江月迷离……

“枝间新绿一重重，小蕾深藏数点红。”教育之路上的遇见，其实是可以选择、可以创造的。用一颗真诚的爱心，去触摸学生真实的心跳，去挖掘学生内在的潜力，去帮助学生收获成长的美好；对我们自己而言，也是一种成全，成全我们的教育生命，让每个生命因为彼此的遇见而焕发精彩。

家校携手，共助学生进步

北京景山学校通州分校　魏笑天

侯同学在刚入学时是一个比较好动的孩子，上课时注意力非常不集中，手里经常有一些小动作，收拾东西、写字的速度也很慢。我便多次和家长反馈孩子在校的表现，并且也了解到他在家的表现与在校相似。他在上学期末被确诊患有多动症，在与家长沟通之后，我感受到家长处于比较焦虑的情绪中，但家长也很支持学校的工作，所以本学期我选择了侯同学为“手拉手”帮扶对象，希望能改善该生的学习、生活状况。

本学期开学后，我通过家访进一步了解了孩子在暑假期间的学习与生活情况，并向家长说明了孩子在校的表现，孩子作为我本学期的“手拉手”对象，希望家长能定期和我沟通孩子的表现。“十一”假期后，我发现孩子的改变不是很大，于是再次与家长联系，改变方法激励学生。在学校里只要他有任何一点儿进步，我都大力表扬他，比如“你今天的书写速度比昨天快多了，希望你下次可以更快”“你今天收拾书包的速度很快，真棒，明天也要这么快”。经过几次表扬和一些小奖励，以及放学时也在家长面前表扬他，孩子的自信心增强了。几天后，侯同学会主动和家长说当天的学习任务在校都完成了，或是来和我说生字都写完了，他的书写速度终于有了一些提高，能够主动完成任务了。

他的多动症只能靠药物治疗，但家长似乎也有顾虑，我也会尽量共情家长，适当地宽慰家长，并给家长一些信心，表明孩子在校听讲和注意力确实有进步，要坚持下去，并告诉家长有问题可以及时和医生沟通，需要教师配合的方面我也会积极配合。经过几次沟通后，家长的情绪逐渐平稳了，孩子也在慢慢进步。

教育是爱的坚持

北京景山学校通州分校　洪莹

梁卓恒是一个课上注意力难以集中的孩子，该生在课上爱说话，爱做小动作。各学科教师均向我反映过该生在课堂上存在的问题。该生在家中一般由妈妈辅导教育，妈妈的教育相对严厉，面对教师反映的各种问题，家长也有一些焦虑。

本学期开学初，梁卓恒出现的问题较多。课间总会出现和同学打闹的现象，课上听讲时注意力也非常不集中，总是和周围学生聊天说话。几次晚托时，教师都向我反映了该生在托管班上存在吃东西、在楼道内逗留的问题，有时还会把其他班级的学生撞倒。基于此，我和他的妈妈进行多次长时间的沟通，最后决定暂时停止他的晚托。同时，在班级一日生活中，我对梁卓恒进行重点关注，鼓励他将注意力放到有利于班级的事情上，比如打扫卫生、帮助其他学生、帮助教师等。另外，我也会采取收回贴花、摘除小星星、让学生写反思检查的方式进行批评教育。

在我和家长的共同努力下，梁卓恒逐渐好转，虽然还会出现一些小打小闹的问题，听讲状态也还存在一定问题，但是课上的听讲坐姿、习惯等有很大进步，成绩也进步许多。经过不断的关注和鼓励，现在他上课能够保持较长时间的注意力，积极回答问题，各学科都能取得较为良好的成绩。

每一个小朋友，都有自身的独立人格，有自身的生命权，我们要懂得尊重；每一个小朋友，都有巨大的、不可估量的发展潜力，我们要懂得信任；每一个小朋友，都有自身的独特个性，有与众不同之处，我们要懂得理解；每一个小朋友，都有优点、闪光点，我们要懂得热情激励；每一个小朋友，都有短处、缺点，我们要懂得耐心和宽容；每一个小朋友，都免不了会犯错误，我们要懂得友情提醒。这是周弘先生说过的话，值得我们共同思考。

赏识在教育中的力量

北京景山学校通州分校　李厚壮

在教育的广袤田野上，每一颗心灵的种子都蕴含着无限可能，而赏识，便是那温暖的阳光和细润的雨露，能够激发潜能，让成长的花朵绚丽绽放。

新学期伊始，我便注意到了小杰的与众不同。他从不主动举手发言，作业虽能按时完成，但缺乏创意与热情。一次偶然的机会，我批改作业时，发现小杰的日记里充满了对自然的细腻观察和深刻感悟，字里行间透露出一种超乎年龄的敏感与才华。这让我意识到，小杰并非缺乏能力，而是缺少被看见和认可的机会。

为了改变小杰的现状，我决定采用赏识教育的方法。我没有直接在课堂上点名表扬，而是悄悄地开始了一项计划。首先，我利用课余时间，与小杰进行一对一的交流，倾听他的想法，鼓励他分享更多关于自然的观察。每当小杰说出一些独到的见解时，我总是投以赞许的目光，并认真记录在他的成长手册上。

接着，我在课堂上巧妙地设计了与小杰兴趣点相关的讨论环节，并故意提出一些能够引导小杰思考的问题。起初，小杰依然保持着沉默，但随着时间的推移，他发现自己的一些想法竟然与老师的引导不谋而合，渐渐地，他开始尝试着举手，回答问题虽然声音很小，但是足以让全班同学听到。我则立刻给予热情的回应，全班同学也在我的带动下，为小杰鼓起了掌。

得到赏识的小杰，仿佛被点亮了一盏心灯。他开始更加主动地参与课堂活动，对其他科目也展现出了前所未有的热情。他的成绩稳步提升，更重要的是，他变得自信了，开始主动与同学交流，甚至勇敢地站在讲台上分享自己的故事和见解。

我没有止步于此，还鼓励小杰参加学校的朗诵活动，他赢得了评委和师生的一致好评，他站在领奖台上，手捧奖杯，眼中闪烁着从未有过的光芒。

那一刻，他深深地感受到了被赏识给他带来的巨大成就感和幸福感。

小杰的转变，不仅让他自己受益匪浅，也深深影响了周围的同学和教师。同学们开始意识到，每个人都有自己独特的光芒，只要被看见、被赏识，就能绽放出耀眼的光彩。教师也从中汲取了宝贵的经验，更加注重在日常教学中运用赏识教育的方法，激发学生的内在动力，让每一个孩子都能在爱与尊重的环境中健康成长。

赏识，是教育中最温柔也最强大的力量。它不需要华丽的辞藻，也不需要昂贵的物质奖励，只需要一颗真诚的心和一双善于发现的眼睛。正如我对小杰的关爱与引导一样，赏识能够点亮孩子们心中的希望之火，让他们在成长的道路上勇往直前，最终成为自己生命中最耀眼的星。在教育的旅途中，让我们都成为那个懂得赏识、善于赏识的人吧！

在融合、创新中提升学生发展

——以《肥皂泡》为例

北京景山学校通州分校　丁旭

2024年5月16日，北京景山学校通州分校举办了通州区第二届生涯节活动，这个活动是放寒假前布置的。说实话我对于这节课内心是没有把握的，因为之前没有讲过关于学生生涯与学科融合的课，这对我来说是陌生的。假期里我开始着手准备，刚开始设计教案时我很迷茫，不知道如何在语文课文中融入学生的生涯发展内容。开学后，《肥皂泡》这节学科融合课经过我反复试讲和修改教学设计，在备课团队和语文教研组的双重帮助下，最终成形，得以展示。

《肥皂泡》是一篇非常有趣且贴近学生生活的文章。我以“美丽的肥皂泡，大大的儿童梦”为主题，结合学生的年龄特点，进行了融合与创新。本节课通过让学生动手实践、合作、观察、探究和说出梦想等方式，锻炼学生在课堂上的动手实践能力、团结合作能力、观察力、思维力和语文表达能力。通过本节课学生可以感受到语文和生活的真正联系，同时也能够培养学生的创新和实践能力。

我印象比较深刻的是，本节课讲授结束时，学生还沉浸在美丽的肥皂泡中，在讲台上吹泡泡、观察，并说出了文中的“五色的浮光，在那轻清透明的球面上乱转”等句子。还有就是春游时学生看到公园中漂游的肥皂泡，他们会不自觉地说出冰心笔下的句子。由此可见，这节课对于学生来说是儿童时代一节印象比较深刻的课，在课上他们学习了知识，在动手实践中他们团结合作，还观察了肥皂泡的美丽，这节课为学生的成长发展起到了很好的启蒙作用。

讲完这节课，我对融合课有了更进一步的认识，明白了适量地推进融合课对小学生的发展有着重要意义，也能促进教师的教学方法改善，以此做到真正意义上的教学相长。

讲完课后我进行了反思，在学生学习完《肥皂泡》后，我还可以通过引导学生自己发挥，让学生发现肥皂泡在生活中的其他用途，这样不仅能够丰富学生的生活知识和经验，还能够培养学生的创新意识和实践能力。例如，孩子们可以制作肥皂泡画，用不同的颜色和形状来表达不同的情感和感受；也可以制作肥皂泡器材，或者在生活中运用肥皂泡来创造有趣的场景和玩具等。

关注学生：给每朵花绽放的时间

北京景山学校通州分校 任群

何名山，一个性格内向、行事沉稳的小男孩，自上学期开始，他在课堂上的表现便引起了我的注意。他常常在听课时分心，回答问题时声音细弱，仿佛缺乏自信，难以跟上我们紧凑的教学节奏。进入新学期，我观察到他因为感受到挫败而出现了更多的消极行为，如不愿意配合教师的教学，对家庭作业也敷衍了事。

面对这样的学生，我深知作为教师，有责任也有义务去帮助他走出困境，重新找回对学习的热爱。因此，我决定将何名山同学作为本学期重点关注的对象，通过我的专业指导和耐心沟通，帮助他克服学习上的困难，树立自信。

首先，我与他的家长进行了深入的沟通。从家长的反馈中，我了解到何名山的家庭情况：他的母亲工作繁忙，日常照顾和辅导主要由父亲负责。而在他年幼时，主要的养育者是家里的老人，他们可能过于细心地呵护和照顾他，导致他在成长过程中缺乏一定的自主性和独立性。这种过度的保护和干涉，可能是他现在注意力不集中、动手能力差、行动慢的原因之一。

在与家长的沟通中，我强调了孩子目前在学习上遇到的困难，并指出了他可能存在的不自信和抵触心理。我告诉家长，我们需要共同努力，通过科学的方法和专业的指导，帮助孩子建立对学习的信心，并引导他养成良好的学习习惯。家长表示非常认同我的观点，并承诺会全力支持我的工作。

接下来，我在课堂上对何名山给予了更多的关注。我利用课堂提问的机会，经常点名让他回答问题，即使他的回答并不完美，我也会给予鼓励和肯定。我希望通过这种方式，让他感受到教师的关注和信任，从而激发他主动学习的积极性。

同时，我注意到何名山在完成任务时总是显得犹豫不决，进度缓慢。为了帮助他克服这一困难，我调整了教学方法。我将课堂练习设计成游戏闯关和小组合作的形式，让何名山在轻松愉快的氛围中完成学习任务。我还鼓励他与其他同学一起合作完成任务，借助同伴的提醒和帮助，让他感受到集体的力量和温暖。

在课后，我经常与何名山聊天，了解他的想法和感受。我告诉他我很欣赏他的努力和进步，相信他一定能够取得更好的成绩。我还为他制订了一份个性化的学习计划，帮助他逐步提高自己的学习能力和自信心。

经过一段时间的努力，我欣喜地发现何名山的学习状态有了明显的改善。他变得更加自信和开朗了，课堂上的参与度也提高了许多。在一次考试中，他特意跑过来告诉我："老师，我这次考试题目都写完了，一个空白都没有！"他眼中的光芒让我深感欣慰和自豪。

当然，孩子的成长不是一蹴而就的，它是一个反复的过程，我相信只要我们用心去关注每一个孩子，用专业的知识和方法去引导他们成长，他们一定能够茁壮成长，成为社会的栋梁之材。

润物细无声的课堂

北京市通州区台湖学校　高小莉

一次语文课堂上，我正在上课，窗外突然传来一声沉闷的雷声，刹那间，一串又一串的雨点，铺天盖地地落下。好大的雨！刚才还聚精会神听课的"小不点儿"们，不由自主地把头扭向窗外，注意力也随之转移。"孩子们请看黑板，集中精力！"刚到嘴边的话又被我咽了回去。平时训练作文，孩子们的景物描写总是写不好，不生动、不形象，不如抓住这个时机让孩子们好好观察，学会描写。

"孩子们，全体起立！面向窗户！"孩子们有些诧异，但都听话地站了起来，"这么大的雨难得一见，给大家点儿时间，仔细观察，形容一下这场大雨，然后咱们把它写下来好不好？"孩子们的表情从惊讶变成了惊喜，纷纷踮起脚尖，伸长脖子，瞪大眼睛认真地看着窗外的大雨，生怕漏了某个画面。

不多时，一个小男孩儿举手说：“老师，狂风卷起暴雨，像鞭子一样抽打着窗户。”另一个女孩儿补充说：“大滴闪亮的雨珠从天空中密密麻麻地洒下来，房上地上一片闪亮。”“雨柱漫天飞舞，像成千上万支利剑，势不可当，威力无穷。”“天地间像挂着无比宽大的珠帘，随着狂风飞舞着！”看着窗外的瓢泼大雨，孩子们争先恐后地发言，形容生动而具体。

“你们能想到关于雨的诗句吗？”我追问。“空山新雨后，天气晚来秋。”“清明时节雨纷纷，路上行人欲断魂。”“天街小雨润如酥，草色遥看近却无。”“好雨知时节，当春乃发生。”……孩子们的回答出乎意料的好。真棒！我竖起大拇指，“老师也补充几句，‘黑云翻墨未遮山，白雨跳珠乱入船’写的是暴雨之大、雨点之急；‘沾衣欲湿杏花雨，吹面不寒杨柳风’写的是微风细雨；‘夜来风雨声，花落知多少’写出孟浩然看到潇潇春雨时对花木的担忧。”“小不点儿”们认真地听着、记着，眼神中透出专注，也把自己对雨的描写，写在了习作本上。精彩之作层出不穷。

发生在语文教学中的小故事，犹如珠玑相碰，清脆悦耳，时刻伴随着我的教学生活。把教学融入生活，让学生“登山则情满于山，观海则意溢于海”，和孩子们共同开启一扇全新的文学大门，真幸福！

为了实现“减负不减质”的目标，让孩子们提高语文素养，我每天早上开设经典古诗词诵读时间，用经典诵读开启一天的学习和生活。我结合时令精选了“秋天”“冬天”“李白”“杜甫”四个主题的古诗词，在星期二至星期四每天诵读一个主题。让学生在诵读中接受中华文化精华的熏陶，养成好习惯。

因为有爱　所以灿烂

北京市通州区台湖学校　刘金

有人说学生成绩的好与坏、人格建构的优与劣、班风的好与差关键取决于班主任。班主任是学生的人格楷模，是班级的精神领袖，是学生的人生导师，学生在成长道路上离不开班主任的正确指引。一名合格的班主任，应当以培育出身心健康、品格优异的学生为教育目标，使其离开校园后，在能力和心智上均能立足于社会。

和其他班主任一样，每天从晨光微露到星光闪烁，我都是步履匆匆地忙碌着，担任班主任工作以来，我时刻都能感受到学生给予我的快乐和充实。这两年来，我更是用教师真诚的爱，赢得了学生纯真的爱；用一颗诚挚的心，赢得了家长的理解和支持。但在这个过程中也遇到了一些问题。

我班的小邓同学，自三年级第二学期开始，上课无精打采，要么搞小动作，要么乱说话影响别人；下课追逐打闹，喜欢动手动脚，使得班里的纪律非常涣散；还常常引发同学间的矛盾，许多同学都指责他、讨厌他、不和他玩儿。

于是，我找他谈话，希望他能遵守学校的规章制度，以学习为重，按时完成作业，知错就改，争取做一个他人喜欢、父母喜欢、教师喜欢的好孩子。我真诚地跟他说他是班上最聪明的孩子之一，也应该是最懂事的孩子。但他总是一副桀骜不驯的样子，让人烦恼不已，他口头上答应得很好，可事后仍一如既往。我的心都快冷了，算了吧，或许他是根“不可雕的朽木”，但又觉得作为班主任不能因为一点儿困难就退缩不前，不能因一个学困生难以转化而影响整个班集体，不然，他可能会“带坏”一群立场不坚定的男生。

为了有针对性地做工作，我决定先让他认识到自己的错误。于是，我多次进行家访。在家访中，我了解到他奶奶对他十分溺爱，他妈妈的话他一句也听不进去。妈妈说他一句，他能顶妈妈十句。这学期他父亲工作忙，根本没有时间管教他。因此，在家里，他就是个十足的“小霸王”，他也感受到了自己在家中的“地位”，所以养成了我行我素的不良习惯。

没有调查便没有发言权。调查清楚情况后，我思忖着必须慎重地采取措施，否则会适得其反。我试着接近他，清除隔阂，拉近关系。经过观察，我发现他劳动积极主动、踏实，为人诚实，所以我经常把他喊到办公室交谈了解情况，鼓励他，激发他：“你干活儿那样能干，在学习上只要自觉，你一定能行；只要你好好对待别人，同学们一定能喜欢你。”通过几次的接触启发，我与他关系更近了。

后来，我便加强攻势，再次找他谈话：“你的学习成绩在班里能排到中等以上，这说明你很聪明，但是你现在的表现却令老师很失望，你完全可以把你优秀的一面表现给大家，做一个老师喜欢、同学敬重的好学生。我希望你能遵守学校和班级的各项规章制度，与大家融合在一起，希望你从做人做事方面奋力追赶。你现在对班级的生活、学习中的事情都漠不关心，如果我也放弃你，大家都不再理睬你，你会觉得生活有意思吗？你希望出现这种局面吗？”他重重地摇了摇头。“是啊，你很聪明，道理一点便通，我们一起努力，好吗？”他微微一笑，眼神立刻变得生动起来。我心想：“看来这个学生还是有希望的。”自此，每当他有丁点儿进步时，我便适时鼓励与表扬他。还借助班干部的力量共同帮助他，使他逐渐明白了做人的道理。

通过一学期的努力，他上课开始认真起来，作业也能按时上交，与同学之间的关系也改善了，各科任教师都夸奖他比以前进步了许多。现在他已能融洽地与同学们生活在集体中，学习情况也今非昔比。班级的纪律和学习风气也有了明显的改善，班级工作的开展更是如鱼得水、游刃有余，我顿感轻松了许多。

通过这个案例，我认为班主任的爱是学生接受教育的前提。班主任对学生怀有真诚的感情，学生才会亲其师、信其道，自觉愉快地接受班主任的教诲。对于小邓同学，我放下教师的架子亲近他，敞开心扉，以关爱之心来触动他的心弦，“动之以情，晓之以理”，用师爱去温暖他，用情去感化他，用理去说服他，从而促使他主动地改正了错误。

“没有爱就没有教育”，爱是教育事业的基础和开始。学生非常需要班主任的爱，班主任只有情感投入，把爱的甘泉洒向他们的心田，使学生获得心理上的满足，才会使学生对教师崇敬信任，从而激发学生对班主任的情感、对班级的热爱。也许爱就在那不经意的一句话、一个眼神、一个动作中。愿我们携起手来，捧起热爱之情，使每一个学生都沐浴在师长的关爱之中。只要我们真诚地用爱心来浇灌身边一棵棵幼小的“树苗”，相信总有一天他们会长成参天大树，在感受恩泽的同时，用他们的枝繁叶茂来回赠大地。

家校协奏　和谐成长

北京市通州区台湖学校　周洋

今年，我有幸成为二年级的班主任，肩负着引领一群“稚嫩心灵”探索知识海洋的使命。在这个充满活力的集体中，每个孩子都像初升的太阳，散发着温暖和光芒。然而，在这群孩子中，小胡的独特气质让我格外关注。

她是一名性格复杂、充满矛盾的女生。有时，她沉默得像深海中的珍珠，静静地沉浸在自己的世界里；有时，她又嚣张跋扈，如同一股不羁的风，挑战着周围的秩序。小胡的这种反差，让我意识到，她的内心可能隐藏着一些未被触及的故事。后来我得知，小胡的家庭环境发生了变化，她妈妈再婚，继父长期外出工作，而妈妈忙于照顾新生的弟弟，这使得原本就不多的家庭对她的关注更加分散。在这样的背景下，小胡似乎失去了一些应有的关怀和指导，每天来到学校时，她的眼神中带着一丝迷茫和不安，甚至在个人卫生这样的小事上也显得有些疏忽。

但即便如此，小胡偶尔也会展现出她可爱和能干的一面。她会兴奋地告诉我，她在家里如何帮助妈妈给弟弟洗衣服，那满脸的自豪和兴奋，让人不禁为之动容。每当这时，我的内心便涌起一股复杂的情感——既有对她成熟一面的欣慰，也有对她未来命运的忧虑。

作为一名教育工作者，我深知，要想帮助小胡，就必须深入了解她的内心世界，找到她行为背后的原因。于是，我开始了与小胡的一系列深入交流，试图揭开她行为背后的神秘面纱。在这些交流中，我发现了小胡的另一面：虽然外表强势，但她内心深处渴望被认可和理解，她需要的是关爱、是指导，更是一个展示自我的舞台。

小胡在家中承担起了给弟弟洗衣服的责任，这显示出她独立和能干的一面。然而在班级中，小胡的不当行为和对同学的命令式态度，让她与其他同学的关系变得紧张。

我深知，正如苏霍姆林斯基所言，家庭环境对孩子的性格形成有着不可忽视的影响。因此，我与小胡的妈妈进行了坦诚的沟通并达成了一致。

第一，家长尽可能多给孩子一些爱和关怀，让孩子能够在爱的快乐中长大成人，这样对其积极的性格发展和正向的情绪发展都极有好处。

第二，避免用负面词语批评孩子。妈妈说话总是直截了当，说到孩子这也不是、那也不是的时候，往往会用“脑子有问题”“可能有多动症”“没有这样的小孩子”等定性的话语，而这些话语都是负面的。

美国心理学家威廉·詹姆斯有句名言：人性最深刻的原则就是希望别人对自己加以赏识。一个没有受过激励的人仅能发挥其工作能力的20%—90%。对待孩子也是这样。当一个孩子生活在周围成人对他的肯定和表扬之中时，这个孩子就一定会慢慢自信起来并越做越好。

第三，创造机会，让孩子体验成功。由于经常犯错误，所以小胡同学经常被唠叨、批评，同学们也都不愿意和她玩儿。但是任何一个人都有自身价值被承认的渴望，都希望自己能够成功。如果能够给她一个机会，让她体会到成功的喜悦，就更能激发她的进取心和改变自己的决心。打扫卫生时，她的劳动能力很强，于是我就让她当劳动委员。每当她把卫生打扫得很好时，我都会表扬她，号召全班的同学向她学习。最近，我发现她变了，上课规矩了，下课也不欺负同学了，孩子们的抱怨也少了。同学们对她有了新的认识，她逐渐在班里有了朋友。她开始学会用更加温和的方式与人交流，嚣张跋扈的行为逐渐减少。她的笑容变得更加真诚，她的眼神中闪烁着自信和理解的光芒。

我相信，只要家庭和学校能够持续给予小胡不断的关爱和支持，她的未来将充满无限可能。正如苏霍姆林斯基所说：教育是一个渐进的过程，需要我们耐心和细心地引导每一个孩子成长。小胡的蜕变，正是这一理念的生动体现。

小胡在行为规范方面取得了很大的进步，可我心里很清楚，友善的人际关系以及良好的学习习惯都还没有在她身上扎根，很多坏习惯还可能会有反复，我的前面还有很长的路要走。

苏霍姆林斯基说过：如果你想成为一个真正的教育能手，那么你就不要企图用某些断然的、闪电式的、异乎寻常的措施，一下子就要孩子心里结成的冰块融化开。这个故事，犹如一首协奏曲，家校双方的和谐配合，是这首曲子中最美的旋律。让我们一起期待，这个孩子能够在这首协奏曲中奏出属于自己的和谐乐章。

如何跟四年级的学生相处

北京拔萃骏源学校　王蕊

小学四年级是一个关键时期，教师要培育学生优秀的学习习惯和优秀的学习氛围。可是，要想让学生整堂课聚精会神地听讲实属不易，就算是成绩优异的同学也很难做到。教师授课的时候，一定要让学生把焦点放在教师身上。

关于优等生，有的男生很聪慧，也很好动，要想抓住他的思想，就一定要给他留有具有极大吸引力的悬念。我班的贾国荣就特别聪慧。我常常出题留给学生做，他因为不仔细，极少能全部做对。于是，我就利用这一点来教育他，让他不要总以为自己聪慧就不虚心学习。由此可见，优等生上课也需要多些关注。

关于中等生，他们一般不扰乱课堂秩序，但有时，你把他们叫起来，他们根本不知道你讲到哪儿了，得提示他们注意听讲。

而关于后进生，首先给他们定的目标不要太高，让其跳一跳就能够得着。这样他们会感觉自己有希望，能尝到成功的愉悦。他们获得一点点成绩就要及时地夸奖，让他们感觉教师并没有放弃他们，感觉自己仍是很有希望的。教师要用爱心温暖他们，让他们感受到关爱。要想让他们成功，就得在课下时间多帮助他们，多给他们讲一些简单的知识，让他们一点一点地进步。除此之外，作为教师，在上课的时候说话要和声细语，创建一种轻松和睦的学习氛围。在授课时无论教师多生气、多焦急都要忍住，要耐心讲授。记住：没有教不会的学生，只有不会教的教师。要做一名学生喜爱的教师，学生才会愿意学你教的这门学科。

怎样在小学语文授课中体现以学生为主体，培育学生的思想能力，是每个小学语文教师都在思考、研究的问题。我认为，在小学语文授课中应当做好以下两点：一是要擅长激发学生学习的兴趣。要想使学生真正成为认识和实践的主体，提升他们的创新能力，一定要激发学生兴趣。因为学生年纪小，注意力、控制力差，兴趣的激发显得尤为重要。教师应充分运用启迪式的发问、直观的教具演示、富有感染力的教课语言，以及灵巧多样的教课方法和组织形式，如就文讲个小故事、做个小游戏、来个小表演，这些都不亚于播洒“愉悦剂”，会使疲惫的学生再次振奋起来，进入主动求知状态。二是要指引和启迪学生带着问题去读文学知识。因为学生的知识少而有限，能够真正理解一篇课文是比较困难的，特别是理解课文的内涵尤其困难。这样，就需要教师巧妙设计问题，由浅入深地对课文进行研究。

从心出发，塑造未来之花

北京拔萃骏源学校　张晨晖

在教育的长河中，有一股精神力量，源远流长，历久弥新。这便是于漪先生所言的“教育家精神”，它既承载着中国传统师道文化的深厚底蕴，又焕发着时代的光彩。历经岁月的洗礼，这份精神已融入每位教育工作者的血脉，成为他们行动的指南和精神的灯塔。他们是心怀天下的守望者，以至诚之心，承载着报国的志向。他们以身作则，言行一致，成为道德的灯塔，照亮了前行的道路。他们以智慧之光，点亮心灵的灯塔，因材施教，让每个孩子在知识的海洋中找到自己的航道。

“乐教爱生，甘于奉献”的仁爱之心是教育家精神的灵魂。爱，是教育的源泉，是一切启迪与成长的起点。教师的爱，细腻而深远，是一门精妙绝伦的艺术。教师一句鼓励的话语、一个肯定的眼神，都可能成为孩子们人生旅途中的转折点，激发他们无限的可能。教师的职业注定他们不会璀璨夺目，只能在默默无闻中耕耘。抱定这种淡泊的态度，才能踏踏实实地做好这份工作。

作为一名班主任，我铭记：教师就是孩子们的表率，爱心是一个班级的灵魂。我常常跟学生分享自己在书本中读到的道理、在观看时政新闻时引发的思考以及自己的生活经历与总结，用这些感悟去感染孩子们。课余时间，我耐心倾听孩子们生活中的一些琐事、遇到的快乐与烦恼。面对孩子们提出的现实问题，我会给孩子们提出合理的建议，引导孩子们理智地去看待和处理生活中的问题。

在我所带的班级中有一个学生性格偏执、经常惹是生非，不是与其他同学打架，就是在课堂上和教师唱反调，遇上这样的孩子，我真的是手足无措。后来，经过一段时间的观察，我发现其实在他的内心深处渴望被爱、渴望被关注、渴望被肯定。于是，在学习上，我时常点名叫他回答问题，经常鼓励他、表扬他；在心理上，时常和他谈心，建立信任；在生活上，时常主动关心他，嘘寒问暖。慢慢地，他改变了。他开始控制自己的脾气，开始改变自己的交友方式，开始信任我、愿意向我倾诉内心的想法，开始融入班集体、参与集体活动。看到他的改变，我内心感动不已。我的爱与关怀，引导他走上了正确的道路。

我明白了教育，是关怀备至地、深思熟虑地、小心翼翼地触及年轻的心灵，是尊重和转化被孤立的学生。每个学生都是一个世界，要想成为每一个学生的朋友，要想得到每一个学生的信任，需要付出很多的心血。但是，这一切都很值得，因为，你得到的将是一个美丽的世界。弘扬教育家精神，至诚报国育新人，这不仅是一种责任，更是一种担当。愿我们每一个教育工作者都能以实际行动践行这一使命，用心去教育、用爱去感化，让教育之花在我们手中开放，让未来之花在我们的呵护下茁壮成长。

乐乐的成长之旅

北京市通州区荣海小学　张梦瑶

在浩瀚的知识海洋中，乐乐一年级的时光像一艘乘风破浪的小船，载着他驶向多彩的未来。乐乐是一个活泼好动的小男孩，他有一双好奇的眼睛和一颗热爱艺术的心。在不知不觉中，他成了班级中的一名小小“书法家”和公认的“绘画大师”，这段旅程不仅给他带来了知识和技能，还培养了他的耐心和专注力。今天，我要讲述的是小朋友乐乐的成长故事。

一、初识乐乐

开学第一天，我们班迎来了一位新同学——乐乐。乐乐是一个活泼开朗的男孩，同时也有些调皮捣蛋。他的眼睛里总是闪烁着好奇和探索的光芒，对周围的一切都充满了好奇心，精力旺盛，也乐于探索。然而，他的好奇心有时也会给他带来一些小麻烦。他一直在“小团体”中追逐打闹，出现在每一次大家避之不及的事件中。

二、培养好习惯

为了帮助乐乐更好地适应学校生活，我们教师决定从培养他的好习惯开始。我们告诉他按时完成作业、认真听讲、尊重他人等基本的行为规范。同时，我们还鼓励他多与同学们交流，学会分享和合作。在教师和同学们的帮助下，乐乐逐渐改掉了调皮捣蛋的坏习惯，开始认真对待学习。

发现乐乐的艺术天分源于一次偶然的机会。在一年级组织庆祝国庆节活动时，班级里也举办了一个“画说中国”艺术活动，鼓励学生在国庆节这个特殊的日子去街头走一走，看看中国的和谐图景。作品尺寸不限，纸张和画笔不限，要求同学们用画笔画一画心中的祖国一景。此活动给了孩子们很大的发挥空间。节后，看着那些色彩斑斓的画作，乐乐被深深地吸引住了。从那时起，他下定决心也要画一幅画来展出。

三、激发兴趣

为了让乐乐更加适应学习生活，多方面发展，我们尝试激发他的学习兴趣。我们发现乐乐对绘画很感兴趣，于是便在午休和周末组织了一些绘画活动，设置展示的平台，鼓励他展示自己的才能。乐乐的画作得到了同学们的赞赏和教师的认可，这让他充满了信心。此外，我们还组织了各种丰富多彩的活动，如师生共读、小小“书法家”比赛等，帮助乐乐拓宽视野、发掘潜力。

四、关爱与鼓励

在成长过程中，乐乐也遇到了不少困难和挫折。有时候，他会因为考试成绩不理想而感到沮丧，甚至会失去信心。这时，我们教师就会耐心地与他沟通，找出原因并帮助他改进。同时，我们也会给予他足够的关爱和鼓励，让他感受到温暖和支持。此外，我们还积极与家长沟通，共同关注乐乐的成长和发展。

乐乐的父母经过与教师的沟通，十分支持教师的工作，并且对教师的建议十分认同。知道乐乐对艺术的热爱后，决定给他报一个书法班和一个素描班。在第一次上课时，乐乐兴奋地走进教室，面对着一张张白纸和一支支笔，他感到既新奇又期待。教师首先教他如何握笔、如何控制笔触、如何搭配色彩等基础技能。乐乐很快就能跟上进度，表现出了极强的学习能力和艺术天赋。

五、与同学们共进步

在学习的过程中，乐乐也遇到了不少困难和挑战。有时候他的笔画不流畅，有时候颜色搭配不协调，但他从不放弃。他会反复练习，不断调整自己的笔触和色彩搭配。在教师和家长的鼓励下，他逐渐克服了这些困难，并取得了很好的成绩。同时，他也学会了如何面对失败和挫折，懂得了坚持和努力的重要性。

随着学习的深入，乐乐开始明白学习书法和绘画需要付出努力和耐心。他每天都会抽出时间来练习书法和绘画，从不间断。因此，他进步也很快，不仅掌握了基础技能，还能在作品中表现出自己的风格和特点。在一次活动中，他凭借一幅生动活泼的画作代表学校参加了艺术比赛。他也通过一幅端正大方的书法作品获得了学校书法比赛第一名的好成绩。这让他更加坚定了要成为一名小小“书法家”和“绘画大师”的决心。

六、收获与成长

除了在书法和绘画班上学习外，乐乐还把所学的技能应用到了生活中。他会为家人画一幅画作为礼物，也会用书法写下一些祝福语送给亲朋好友。他还经常参加学校组织的各种活动和文化节，展示自己的书法和绘画作品。这些经历不仅让他更加自信和开朗，还让他感受到了艺术的魅力和力量。

在学校里，乐乐也因此结识了许多好朋友。每次课间，只要他拿起笔，就会有小伙伴一层层围住他。他们一起学习、一起玩耍，共同成长。有时，他们会因为一些小矛盾而发生争执，但最终都会在教师和同学们的帮助下化解矛盾，重新成为好朋友。这些经历让乐乐学会了如何与人相处、如何处理人际关系。同时，他也在与同学们的交往中学会了分享、学会了关爱他人。

经过一段时间的学习和实践，乐乐已经成了一名小小“书法家”和“绘画大师”。他的作品不仅在班级和学校里展出，还参加了各种比赛和展览活动。他的努力和付出得到了教师和家长的认可与赞赏。同时，他也收获了更多的友谊和快乐。通过学习书法和绘画，他不仅提高了自己的审美能力和创造力，还培养了耐心和专注力等优秀品质。这些品质将伴随他成长且影响他的一生。

他的学习成绩也有了显著的提高，不仅在课堂上学到了知识，还学会了如何与他人相处、如何处理问题，甚至开始主动制止朋友们的不良行为。他变得更加自信、更加成熟，成为班级里的一名优秀学生。同时，他也结识了许多好朋友，与他们一起度过了许多快乐的时光。

七、结语

乐乐的成长故事告诉我们：教育是一项长期而艰巨的任务，需要我们耐心地引导和关爱学生。我们要从培养学生的好习惯开始，激发他们的学习兴趣和潜力；要给予他们足够的关爱和鼓励；要帮助他们结交好朋友；要关注他们的成长和发展。只有这样，我们才能培养出优秀的学生，让他们成为社会的栋梁之材。让我们一起为学生的成长和未来努力吧！

在这个故事中，我们看到了乐乐从一个调皮捣蛋的男孩成长为一个自信、成熟的学生；看到了教师用心良苦的教诲和无微不至的关怀；也看到了孩子们之间的友谊和成长的力量。这不仅是一个育人故事，这也是一个关于成长、关于爱、关于友情的故事。希望这个故事能够给更多的同人带来启示和感悟，让我们共同为孩子们的未来努力吧！

带着自信上路

北京景山学校通州分校　王岩

从选择教师这个职业开始，我就一直秉承着自己的初心。作为一名教师，我牢记苏格拉底的名言：每个人身上都有太阳，主要是如何让它发光。

刚刚接手这个班时，班里一个叫小博的孩子引起了我的注意，原因很简单：他坐在班级第一排的位置，桌椅旁满目狼藉，他上课时甚至从来不拿出课本，这可让我一下子记住了他。正如我所料，对于我们的第一次见面，他并没有表现出什么异样，似乎在他心里觉得这样的自己才是大家公认的。我走过去，拍拍他的肩膀说："嗨，你好，我是你的语文老师王老师，以后请多多关照。"他低着的头慢慢抬起来，躲闪的眼神吃惊地望着我。我看出他的开心，又继续追问："你可以把语文书拿出来吗？我们要上课了。"他在那里支支吾吾了半天，终于拿出了一本崭新的语文书。以后的每一节语文课，我都会以这样的方式来提醒他。渐渐地，他会主动拿出语文书，我为他第一阶段小小的进步感到欣慰。

想要帮助一个学困生，首先是要"知己知彼"。很偶然的一个课间，我发现他更多的时候喜欢一个人呆着，和同学交流也不多，这让我有些疑惑，难道是害羞吗？我在心里打了一个大大的问号。在一次发作业本的时候，我才意识到事情并没有我想的那么简单。只见他拿着作业本在班里转来转去，不知道发给谁好，最后还是其他同学帮着他发完的。我突然意识到，这么久他还没记住班级同学的名字，一定有原因。为了找到这个原因，我把他叫到了办公室，我发现在问他话的时候，他从来不敢正面和我对视，回答也是特别小声，这让我似乎明白了为什么他到现在还不熟悉同班同学名字。难道他是一个不愿意和其他人交流的孩子吗？事后，我立刻电话联系了他的妈妈，从他妈妈那里了解到，他在家的表现和在学校不太一样，他会主动帮妈妈做家务，很会关心家人。这些优点让我明白，一定是哪里出现了问题。利用课余时间，我找到了班里的小干部，向他们了解情况，终于发现了问题所在，原来同学们都觉得他总是出现各种各样的问题，所以都不愿意和他玩儿。这就导致了小博越来越不合群、越来越不自信。所以要想改变小博，就要先从改变其他同学的看法开始。

在一次语文课上，我要求同学们自行成组分角色演读课文，如我所料，班里边没有人愿意和小博成为一组。我看到他不知所措的样子，走到他面前，轻声说："你愿意和老师一组吗？"从他闪烁的眼神中我看得出他想和我一组，我接着又说："老师很想和你一组，你就成全我吧！"只见他点点头。我们两个进入了练习中，轮到他读的时候，我听得出他读得比平时都要好、都要认真，看他这么愿意读，我知道，机会来了。我把他读的句子逐句进行指导，他也学得有模有样。到了汇报展演的时候了，我们作为第一组展演，我一边读一边扶着他的肩膀，他也似乎感受到了我的那股力量，读的声音越来越大，语气越来越到位，当我们读完最后一句话时，让我意想不到的事情发生了，全班同学自发地热烈鼓掌，一个同学情不自禁地叫了出来："哇，太棒了！"大家也跟着拼命点头，这时候只见他不好意思地笑了，那一笑是那么好看！展演结束后，我问大家"这次展演你最大的感受是什么"，大家异口同声地说到"小博"这个名字，同学们又一次热烈鼓掌，在这掌声中我仿佛听见了同学们对他的信任和认可。此时此刻，我眼前不自信的孩子渐渐地抬起头，欣然享受着这种称赞。这一刻，我同他一起感动着。

没错，自信可以改变一个孩子的性格。这件事之后，我发现他变得越来越爱说话了，班里的同学也渐渐都成了他的朋友，更可喜的是，他的作业也开始上交了。

其实，每个孩子都是一块璞玉，作为教师，应该努力地去雕琢，为他们增添自信的羽翼，让他们能够带着自信去远航。

用爱与责任书写成长

北京景山学校通州分校　郭铁花

成为一位教师，仿佛是命运为我开启的一扇充满希望与挑战的大门。在这个平凡而又伟大的岗位上，我经历了许多难忘的关键事件，它们如同璀璨星辰，照亮了我前行的道路，也深刻地影响了我的教育信仰、教育思想和教育行为。

一、初为人师的迷茫与探索

记得初登讲台的那一刻，看着台下那一张张天真无邪的面孔，我心中既充满了喜悦与期待，又夹杂着一丝紧张与迷茫。二年级的孩子们活泼好动，好奇心强，但注意力也容易分散。我精心准备的每一堂课，似乎并不能完全吸引他们的注意力，课堂秩序有时也会变得混乱。这让我感到十分挫败，甚至开始怀疑自己是否具备成为一名好教师的能力。

然而，我并没有因此而退缩。我开始积极地向身边有经验的教师请教，观察他们的课堂管理方法和教学技巧。我发现，他们总能用生动有趣的故事、游戏和亲切的语言吸引孩子们的注意力，让课堂变得充满活力。于是，我也尝试着在教学中融入更多的趣味性元素。比如，在教拼音时，我会编一些有趣的儿歌和顺口溜，帮助孩子们记忆；在讲解课文时，我会通过角色扮演、情景模拟等方式，让孩子们更深入地理解课文内容。慢慢地，孩子们在课堂上的表现有了明显的改善，他们开始积极参与课堂互动，学习兴趣也逐渐提高。

这段经历让我深刻认识到，教育是一个需要不断学习和探索的过程。作为教师，我们不能仅仅依靠书本知识和自己的主观想象来教学，更要关注学生的特点和需求，因材施教，用适合他们的方式传授知识。这一认识逐渐成为我教育信仰的基石，让我坚信每一个孩子都有无限的潜力，只要我们用心

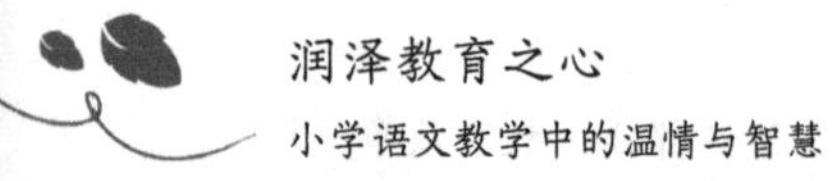

去发现和引导，他们都能在学习中找到乐趣、取得进步。

二、用爱点亮学生的心灵

在我教过的学生中，有一个小男孩让我印象特别深刻。他性格内向，很少主动与同学们交流，在课堂上也总是沉默寡言。每次提问他，他都低着头，声音小得几乎听不见。我察觉到他的异常后，便主动与他的家长沟通，了解到他的家庭环境比较特殊，父母经常吵架，对他的关心也很少。这让他变得自卑、敏感，缺乏安全感。

为了帮助他打开心扉，我在课堂上会特别关注他，给他更多的鼓励和表扬。即使他回答问题不太准确，我也会肯定他的努力和勇气。课后，我经常找他聊天，倾听他的想法和感受，和他一起做游戏、读故事书。我还鼓励其他同学主动和他交朋友，邀请他一起参加小组活动。渐渐地，他的脸上开始露出了笑容，话也多了起来，在课堂上也能积极地举手发言了。看到他的变化，我感到无比欣慰。

这件事让我深刻体会到，教育不仅仅是传授知识，更是关爱和呵护每一个学生的心灵。每个孩子都渴望被关注、被理解、被爱，我们作为教师，要用我们的爱心和耐心去温暖他们，帮助他们克服困难、树立自信。这种关爱学生的理念从此就深深地扎根于我的教育思想中，成为我教育行为的指南。我开始更加注重与学生的情感交流，关注他们的内心世界，努力为他们营造一个充满爱和温暖的学习环境。

三、教学相长的启示

在一次公开课上，我精心准备了一堂关于古诗的教学课。我设计了丰富的教学环节，包括古诗朗诵、诗意讲解、画面想象等，希望能够让学生充分领略古诗的魅力。然而，在课堂上，当我提问学生对古诗意境的理解时，一个学生提出了一个与我预设答案完全不同的观点。他的想法独特而新颖，让我一时有些不知所措。但我并没有急于否定他，而是让他详细地阐述自己的想法。在他的讲述过程中，我突然意识到，他从一个全新的角度理解了这首古诗，给了我很大的启发。

课后，我认真反思了这堂课。我意识到，教学不应该是教师单方面灌输，而应是师生之间的互动与交流，学生的思维往往是活跃而富有创造力的，他们能给我带来意想不到的惊喜和收获。从那以后，我更加注重在课堂上营造开放、民主的氛围，鼓励学生积极思考、大胆提问、勇于表达自己的观点。我也学会了从学生的角度去思考问题，不断调整自己的教学方法和思路，以更好地满足他们的学习需求。

这次经历让我深刻认识到教学相长的道理，进一步丰富了我的教育思想，让我明白教师和学生是相互促进、共同成长的关系。在教育行为上，我变得更加谦虚和包容，愿意倾听学生的声音，与他们一起探索知识的奥秘，共同进步。

四、教育的责任与担当

在一次期末考试中，我们班的成绩不太理想。看到成绩的那一刻，我心里非常难过和自责。我开始反思自己的教学方法是否存在问题，是不是对学生的辅导不够到位，还是在教学过程中忽略了一些重要的知识点。我深知，学生的成绩不仅仅是一个数字，背后反映的是我作为教师的教学质量和责任担当。

于是，我利用课余时间对每一个学生的试卷进行了详细分析，找出他们的薄弱环节和存在的问题。针对这些问题，我制订了个性化的辅导计划，为成绩较差的学生进行一对一的辅导，帮助他们查漏补缺。同时，我也对自己的教学方法进行了调整，加强了课堂上的练习和巩固环节，注重培养学生的学习方法和思维能力。在接下来的一个学期里，我付出了更多的努力和时间，关注每一个学生的学习情况，及时给予他们帮助和鼓励。

终于，在后面的考试中，我们班的成绩有了显著提高。看着学生脸上洋溢着的喜悦和自豪，我感到无比欣慰。这一刻，我更加深刻地体会到了作为一名教师的责任和担当。我们的工作不仅仅是传授知识，更是要为学生的成长和未来负责。我们的每一个决策、每一次教学行为都可能对学生产生深远

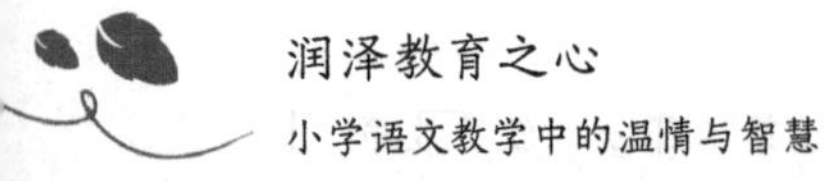

的影响。这种强烈的责任感成为我教育信仰的核心，时刻激励着我不断努力，提高自己的教学水平，为学生的成长创造更好的条件。

回顾我的教师职业生涯，这些关键事件如同宝贵的财富，塑造了我的教育信仰、教育思想和教育行为。它们让我明白，教育是一场充满爱与责任的旅程，需要我们不断地学习、探索、关爱和付出。在未来的日子里，我将继续坚守这份信仰，秉持着先进的教育思想，用实际行动践行教育使命，为每一个学生的成长和发展贡献自己的力量，让他们在知识的海洋中扬帆起航，驶向美好的未来。

特别的爱给特别的你

北京景山学校通州分校　王超

清晨，阳光透过嫩绿的树叶，洒在校园的小道上，给宁静的校园披上了一层金色的外衣。我像往常一样，手里捧着教科书，步履匆匆地走向四年级的教室。今天，我要给孩子们上一堂特别的课，因为班里有一个特别的孩子——小宇。

小宇是个内向的孩子，平时总是默默地坐在教室的角落，不和同学交流，也不爱发言。他的学习成绩并不理想，尤其是语文，常常因为阅读理解和写作而苦恼。我知道，每个孩子都是一颗独特的种子，只是花期不同，需要耐心地等待和浇灌。于是，我决定为小宇量身定制一堂特别的语文课，希望能激发他对语文的兴趣，帮助他找到学习的乐趣。

走进教室，我看到孩子们已经整齐地坐好，小宇也低着头，双手放在课桌上，神情显得有些紧张。我微笑着走上讲台，轻轻地拍了拍手，吸引孩子们的注意力。

“同学们，今天我们要上一堂特别的语文课。我们不谈课文，不讲语法，而是要一起分享一个真实的故事。这个故事，关于勇气、关于成长，也关于我们每一个人。”我顿了顿，目光温柔地扫过每一个孩子，特别是小宇。

“这个故事发生在一个偏远的小山村里，那里有一个和你们一样大的孩子，名叫小明。小明家境贫寒，父母常年在外打工，只留下他和年迈的奶奶相依为命。由于条件有限，小明没有机会接触太多的课外书，但他对知识的渴望却像山间的小溪，永不干涸。”

我讲到这里，特意观察了一下小宇，发现他的眼神开始变得专注起来，似乎对这个故事产生了兴趣。我继续讲述。

“小明每天放学后，都会跑到村口的小书店，站在书架前，一页页地翻阅那些旧书。他最喜欢的是一本破旧的《安徒生童话》，虽然书页已经泛黄，但小明却如获至宝。每当夜幕降临，小明就借着微弱的灯光，一边读一边想象着书中的世界。那些故事，就像一盏盏明灯，照亮了他心中的梦想。”

我停下来，问孩子们：“你们猜猜看，小明后来怎么样了？”孩子们纷纷举手，争先恐后地想要回答。小宇也悄悄地举起了手，虽然举得很低，但我还是看到了。我微笑着示意他来回答。

“我……我觉得小明后来一定会变得很厉害，成了作家或者老师，因为他那么喜欢读书。”小宇的声音虽然微弱，但是坚定而清晰。

“你回答得很好，小宇。”我鼓励道，“其实，小明的故事并没有那么传奇。他后来确实爱上了阅读，也通过努力学习，考上了镇上的中学。更重要的是，他学会了用文字来表达自己的情感，用故事去温暖别人的心。他成了村里的小名人，经常给村里的孩子们讲故事，鼓励他们努力学习，改变命运。”

我讲完这个故事，教室里陷入了短暂的沉默。我看到孩子们的脸上都露出了若有所思的表情，特别是小宇，他的眼睛里闪烁着前所未有的光芒。

“同学们，小明的故事告诉我们，每个人心中都有一座宝藏，那就是对知识的渴望和对梦想的追求。无论我们的起点有多低、条件有多艰苦，只要我们坚持不懈，就一定能够找到属于自己的光芒。”我深情地看着小宇，“就像小宇一样，他可能现在在学习上遇到了一些困难，但我相信，只要他愿意努力，愿意尝试，他一定能够找到属于自己的学习方法，让语文成绩突飞猛进。”

说到这里，我拿出了一本崭新的《安徒生童话》，走到小宇面前，轻轻地放在他的课桌上，“这是老师送给你的礼物，希望它能像小明的那本书一样，成为你心中的明灯，照亮你前行的道路。”

小宇抬起头，看着我，眼眶里闪烁着泪光。他低声说道：“谢谢老师，我会努力的。”

从那以后，小宇真的变了。他开始主动找我请教问题，积极参加课堂讨论，甚至下课后也会留在教室里，默默地读着那本《安徒生童话》。他的语文成绩也在一点一点地提高，虽然进步的速度不快，但每一次的进步都让我感到无比欣慰。

有一天，小宇递给我一张纸条，上面写着：“老师，我想写一篇关于我自己的故事，可以吗？”我看着纸条，心里涌起一股暖流。我知道，这是小宇对我的信任和依赖，也是他对自己成长的期待。

我鼓励他：“当然可以，小宇。你的故事，一定是最真实、最动人的。我相信，你一定能写出属于自己的精彩篇章。”

几天后，小宇交给了我一篇作文。题目是《我的改变》。他在作文中写道：“曾经的我，是一个内向的孩子，害怕与人交流，对学习也失去了信心。但是，自从听了老师讲的有关小明的故事后，我开始明白，每个人都有自己的梦想和追求，只要我们勇敢地去尝试，就一定能够实现。我开始努力学习语文，尝试着去理解那些曾经让我头疼的文字和句子。我发现，原来语文的世界是那么丰富多彩，每一个字、每一个词都像是一个小小的宝藏，等待着我去发掘。现在的我，已经不再是那个默默无闻的孩子了。我学会了用文字来表达自己的情感，用故事去温暖别人的心。我知道，这一切的改变，都离不开老师的鼓励和帮助。感谢老师，让我找到了属于自己的光芒。”

我看着这篇作文，心中充满了感动。我知道，这不仅仅是一篇作文，更是小宇成长的见证。他用自己的努力和坚持，证明了每一个孩子都有无限的可能，只要我们用心去浇灌，他们就能绽放出属于自己的光彩。

从那以后，小宇更加努力地学习，不仅语文成绩有了显著的提高，其他科目也有了很大的进步。他开始和同学们交流，分享自己的故事和心得。他变得自信、开朗，成了一名真正的阳光少年。

而我，也因为这段经历，更加坚定了自己的教育信念。我知道，作为一名教师，我们的责任不仅仅是传授知识，更重要的是要用心去关爱每一个孩子，帮助他们找到属于自己的梦想和追求。因为，每一个孩子都是一颗独特的种子，只要我们用心去浇灌，他们就能绽放出属于自己的美丽花朵。

岁月流转，时光荏苒。转眼间，我已经在教育的道路上走过了无数个春秋。但每当回想起那段与小宇共同成长的时光，我的心中总是充满了温暖和感动。因为我知道，这是我作为教师最宝贵的财富，也是我人生中最难忘的一段经历。